体験の言語化
実践ガイドブック

早稲田大学平山郁夫記念
ボランティアセンター ［編］

成文堂

目　次

序　論

なぜいま、「体験の言語化」なのか（1）

受講生に身につく力（1）

背景となる理論（3）

どのようなステップを踏むのか（5）

授業では何をやるのか（1）

実践する人に必要な姿勢（2）

ガイドブックをどう使うのか（4）

第 1 部

第 1 回 参加型・対話型授業の心構えと目標設定 7

第 2 回 個人の内面のふりかえり① 17

第 3 回 個人の内面のふりかえり② 23

第 4 回 社会の課題を発見するふりかえり① 31

第 5 回 社会の課題を発見するふりかえり② 37

第 6 回 最終語りにむけて「有機的なつながり」をつくる 43

第7・8回 受講生による「語り」とディスカッション 51

配布物資料編 55

―――――――――― **第 2 部** ――――――――――

90分バージョン
個人の内面をふりかえり社会の課題を発見する ……………………………………………… 65

おわりに　79

序　論

なぜいま、「体験の言語化」なのか

　私たち早稲田大学平山郁夫記念ボランティアセンター（WAVOC）は、これまで15年以上にわたって学生たちによるボランティアをおこない、彼らの学びを支援してきました。学生たちは、大学キャンパス以外の場で多様な体験をしています。様々な人々に出会い、現実に対峙するなかで心を揺さぶられる時間をもってきました。モヤモヤしたり、そこにある不条理に怒りを感じたりするのです。そうした感性は、とても豊かなものであり、彼らの学びと行動への可能性でもあります。一方で、そうした体験を自分の言葉で語ることは簡単ではありません。その場で感じた思いを「ヤバい」でしか表現できなかったり、「貴重な体験をした」というだけで終ってしまうことも多いのです。さらには、現場で起きていたことを「誰かが悪いからだ」と批判し、自分とは関係のない外の世界の出来事としてとらえてしまいがちです。その体験が自分にとってどのような意味があり、社会のあり方とどのようにつながっているかについて考えるのが難しいのです。

　こうした学生たちの体験と学びを支援する中で、私たちは体験を自分の言葉で語る意義を感じてきました。体験を言語化することは、自分や他者を理解し、自分と社会とのつながりや関係性を見つめる営みだからです。そのために、私たちは学生たちが体験を言葉にするための教育方法論を模索してきました。開発にあたって基にしたのは学生のボランティア体験でしたが、その後、ボランティアだけでなく、インターンシップ、留学、サークル活動など多様な体験に広げていきました。

授業では何をやるのか

　授業で実践する内容は、学生たちが様々な体験の中でも大きく感情が動いた場面を思い出し、そのときの気もちを言葉にする作業です。客観的な事実や数値ではなく、心に沸き上がるなかなか言葉にならないものに向き合い、表現するのです。さらには、その体験で出会った他者の気もちを想像します。こうした作業を通じて自分と出来事とのつながりを実感し、体験の背景にある社会のあり方へと視点を広げていくのです。このつながりの感覚が、自分もまた社会を構成する一員である実感につながっていきます。私たちは、このプロセスの中に学生たちが社会への当事者意識を持つようになる可能性があると考えてきました。

　これらの教育実践を体系化する試みが、早稲田大学で開講されている8回のクオーター授業「体験の言語化〜世界と自分〜」です。本ガイドブックは、この授業の具体的な教育方法を授業実践者用にまとめたものです。

受講生に身につく力

　授業では、学生たちが以下、3つの力をつけることを目標としています。

（1）体験を自分の言葉で語る力

　　体験には意味があります。体験をふりかえる実践をつうじて気もちを表現し、自分自身の

体験の意味を見出し、整理する力を育成します。

（2）体験から社会の課題を発見する力

体験は社会の中で起きている出来事であり、個人のみならず社会的な要因と関連を持ちます。その関連性への気づきをうながすことで「社会の課題に対する問題意識」をもつ力を育成します。

（3）体験を学びの意欲へつなげる力

自分の体験から現実社会のあり方を知る喜びと可能性を感じることによって、「教えられる」のではなく、主体的にさらに学びたいという意識を育成します。

授業の到達目標の詳細については、ルーブリック（p.55 参照）とよばれる評価指標を作成してあるので、参考にしてください。

なお、授業「体験の言語化」の方法論は大学生向けに開発されましたが、目標とする力は高校生にも必要なものです。そのために本書では高校生向けに開発した 90 分バージョンのガイドも掲載しています。

——— 実践する人に必要な姿勢

本ガイドブックで紹介する授業は、15 名という少人数を対象としており、さらには 8 回がすべて参加型・対話型になっています。近年の高等教育では、教員が一方的に専門知識を教授するだけでなく、学生が授業に参加し主体的に学ぶ授業の重要性が認識されています。そうした流れの中で、この授業は早稲田大学が開発した新しい授業のやり方のひとつでもあります。

学生が主体となって参加するために、「体験の言語化」では授業を実践する側の姿勢として 4 つの点を大切にしています。なんらかの学術分野の専門家として専門知識を教えるのとは異なる教育方法の実践だからです。

（1）「言葉を与える」のではなく、学生が自分の言葉を紡ぐプロセスを支援する姿勢

体験の中で感じた言葉になっていないものを言葉にする作業が言語化です。そのプロセスでは、学生が自分で言葉や表現を試行錯誤します。教員は多様な問いかけをつうじて、言葉を見つけるのを待つ姿勢が重要になります。

（2）「教える」のではなく、学生の気づきと表現を尊重する姿勢

体験を通じて社会のあり方を知る試みに正解はありません。そこでは実践する側が正しい答えを教えるのではなく、学生自身が自分と社会のつながりに気づくことが大切です。そのためには、教員は学生の表現を尊重しながら、問いかけたり、異なる視点を提供するなどの気づきをうながす努力が求められます。

（3）安全な空間をつくる姿勢

体験の言語化では、学生たちは自分の個人的なことや家族などの親密な人のことを話します。学生たちが、その場で話したことで誰かから攻撃されたり、情報がかってに拡散するなど彼らにとって危険なことが起きないように最大限に配慮する努力が大切です。そのことによって学生は、安心して自分の体験や言葉に向き合うことができるからです。

（4）自らの変容に関する開かれた心を準備する姿勢

　この授業では学生たちが体験を言語化する実践をつうじて自分や他者、そして、社会のありようを見つめます。それは学生たちが変容していく可能性でありますが、同時に、授業を実践する側にとっても自分に内面化された価値観や社会の規範に向き合ったり、学生たちの心の揺れに併走したりする機会となります。時として、それは、実践する教員に不安をもたらすかもしれません。一方で、共鳴する葛藤や迷いは教育者としての体験でもあり、新たな学びへ向かう潜在性を秘めています。教員もまた体験の中にある意味を見出し、社会の課題に対峙していくからです。こうした場と空間がもつ学びの楽しさを感じるためにも、学生の体験と学びに関わる実践者は、自らの変容に関する開かれた心の準備が必要になります。

──── 背景となる理論

　授業「体験の言語化」の方法論は、早稲田大学の教職員、外部アドバイザー、学生たちが協働で開発してきました。その目的は、学生たちが自分の体験を語る営みをつうじて社会で起きていることの当事者になることでした。私たちの中に、学生たちが何か体験をしても、そこで向き合う社会の現実に対してどこか他人事であったり、分析ばかりするのに問題意識があったのです。そうした中で、授業で用いる具体的な教育方法や技術は、実践を重ねる中で独自に模索してきました。一方で、学術的には様々な分野における理論を背景としています。その中でも、「変容的学習理論」が中心にあり、大学生や高校生が認識の変容によって自己決定性を獲得していく理論になります。授業で実践するのは体験を批判的にふりかえることで学生たち自身がその意味や目的、あるいは価値を紡ぎだすプロセスです。その学びは、教室を越えて日常生活や生きることそのものであり、社会に生きる個人としての当事者性を高めることにつながっていきます。そして、一人ひとりの当事者としての意識の先には、個人と社会との分断を超えて、「私の社会は私の力で変えられる」という行動への可能性と期待があります。

　このような理論的背景について、さらにご興味や関心のある方は、

　既刊書『体験の言語化』（早稲田大学平山郁夫記念ボランティアセンター編、成文堂、2016 年）をご参照ください。

序　論

ガイドブックをどう使うのか

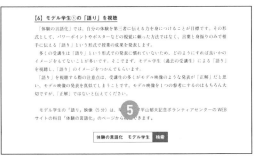
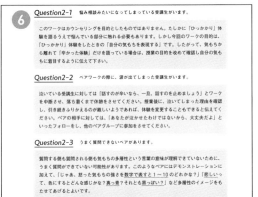

①はじめに：授業タイトルと回の概要
②学習者の到達目標：受講生に到達してほしい目標
③タイムテーブル：時間配分と小見出し
④今回の授業で使用するもの：授業で使用するものや受講生への配布物（配布物そのものは「配布物資料編」pp.55～64参照）
⑤ワンフレーズ：教員が引用してそのまま発言できるワンフレーズ
⑥Q&Aコーナー：授業内での疑問点やつまずきへの回答

「体験の言語化」は、大学のクオーター制に沿った形で90分、8回の授業として構成しています。このガイドブックでは、全8回の「体験の言語化」の授業について、一回ごとに具体的な授業の進め方と具体的な方法を示しました。基本構成は、まず、「学習者の到達目標」と「授業内容とタイムテーブル」を記述しています。その後に具体的な方法について解説を加えています。学生に対する教員の具体的な問いかけや発話については吹き出しの形にしました。さらには授業において学生と共有するべき「共有事項」は表にしてあります。その回で特に学生がつまずきやすい点については、Q&Aになっています。授業内で使用するワークシートや配付物は、「配布物資料編」（pp.55～64）にあります。

このガイドブックを用いて実践してみたい方は、まず最初にその回の到達目標を理解し、大ま

かな内容と流れをタイムテーブルから把握してください。そして、その後に続く各内容についての具体的なやり方を読み、「どう学生に問いかければいいのか」といった技術的なアドバイスを参照していただければ、およその実践ができると思います。実際に授業実践を重ねる中で「学生がつまずく箇所」がわかってきたときにはQ&Aを読み込んだり、具体的な事例を知ることで、さらにどうしたらいいかをイメージする助けになるはずです。

　また、このガイドブックの第2部では、カリキュラム等の制約で8回の授業をやるのが無理な方や、キャリアセンター等授業外で学生支援を行う教職員に向けて、実習後に1回だけでできる「90分バージョン」の授業「体験の言語化」ガイドも掲載してあります。この90分の場合も、どう学生たちの言葉を引き出せるかという方法論については8回の授業と重なる部分があります。ですので、1回だけの実践をされる方も、ぜひ8回のときはどのように実施しているかを読んだ上で授業をおこなうと、より効果的です。

　このガイドブックで紹介する授業は、基本的には大学生に向けて開発された実践ですが、近年は、全国の高校でも体験型の学びを重視したり、就労体験によるキャリア教育などが広くおこなわれています。担当する高校の先生方にとっても、このガイドブックで紹介された方法は「生徒たちがいろいろ体験したあとにやりっぱなしではなく、生徒たちが考えたり、学びにつなげるためには何をしたらいいのか」を考える際の参考になると思います。特に、90分の授業バージョンについては早稲田大学の教員が実際に高校生に対して実践し、高校の先生方と議論した内容をもとに開発したものです。このままの形で実践できるし、生徒のレベルやニーズに合わせた応用もできると思います。

どのようなステップを踏むのか

　8回の授業では、目標達成のために受講生たちが以下のようなステップを踏みます。内容としては、大きく3つの構成となっています。前半の3回までが自分や相手の気持ちのふりかえり、その後に社会の課題を発見する回を経て、最後のステップとして受講生全員が語りをおこないます。

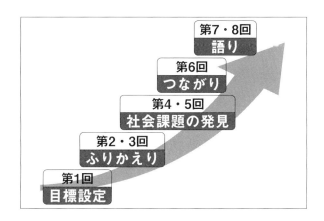

第 1 回

参加型・対話型授業の心構え と目標設定

はじめに

　第1回は、この科目の目的と内容、参加型・対話型授業の心構えとルールを受講生と共有します。受講生には、シラバスを通じて全体の流れをつかんでもらい、モデル事例を見せることでゴールをイメージしてもらいます。

学習者の到達目標

(1) 科目の目的と内容を知る

(2) 教員と受講生について知る

(3) 最終語りのモデル事例を見て、科目のゴールイメージをつかむ

タイムテーブル

時間配分	タイムテーブル
15 分	【1】シラバス説明
5 分	【2】ルーブリック説明・記入
15 分	【3】受講生の自己紹介
5 分	【4】教員の自己紹介
5 分	【5】アイスブレイクとペア分け
10 分	【6】モデル学生①の「語り」を視聴
10 分	【7】グループワーク
20 分	【8】受講生と教員からのコメント
5 分	【9】本日の授業のふりかえりとこれからの抱負

今回の授業で使用するもの

(1) 授業シラバス

(2) ルーブリック

(3)「語り」のモデル映像

【1】 シラバス説明

受講生にシラバスを配付し、「どのような授業なのか」「受講生には授業中、どのようなことを期待しているのか」「成績評価方法」など、授業の全体像をつかんでもらいます。

本ガイドブックに掲載しているシラバス（p.56）は、早稲田大学で実際に使用しているシラバスです。1つの参考としてください。

【2】 ルーブリック説明・記入

ルーブリックは、この授業を通じて身につけてほしい受講生の力が現状でどの程度身についているのかを把握し、どこまで伸ばすことができるのかを考えるための基準表です。

ルーブリックを用いた評価は、自己評価のためであり、たとえ低く評価したとしても成績には影響しないことを伝え、自分の思うように評価してもらいます。

【3】 受講生の自己紹介　【4】 教員の自己紹介

これから、8回にわたって受講生と一緒に体験をふりかえることになります。どのような人と一緒に取り組むのかを確認するために、自己紹介をしましょう。

教員の自己紹介では、「自分の体験を言語化する作業は難しいけど、やってみる価値のあることだ」と受講生が感じるような内容を話してみてください。特に、自分が活動で出会った人やエピソードの中で、自分が感じたことを誰かに伝えた経験やうまく伝えられた喜びや伝えられなかった悔しさ等について語ってみてください。

【5】 アイスブレイクとペア分け

「アイスブレイク」とは、凍った（アイス）心と身体を打ち破る（ブレイク）という意味です。授業の中でアイスブレイクを実施する目的は、クラスの緊張をほぐし、受講生の積極的発言をうながすことです。グループ分けのために身体を動かしたりゲームや自己紹介などをしながら、受講生たちが話しやすい場の雰囲気をつくりましょう。

アイスブレイク後は、2人1組のペアや3人1組のグループを作ります。

アイスブレイクとしては、次のようなやり方があります。参考にしてみてください。

体験の言語化実践ガイドブック

1.「実は○○○です」自己紹介

　自分の氏名を言ったあとに、「実はピーマンが食べられません」「実は歴女（歴史が好きな女子）です」などと付け加えます。

　初めて会った人同士だけではなく、すでに顔見知りの場合でも盛り上がるアイスブレイクのため、初回授業時にはおすすめです。ペアの組み方は、隣の人同士ペアにします。

2. 誕生日サークル

　受講生に、誕生日の早い順（1月）から時計回りに並んでもらいます。このとき、教員は「誕生日の早い順に時計回りで並んでください」とだけ伝え、あとは受講生同士に誕生日を聞き合わせて、並んでもらいます。ペアの組み方は、隣の人同士ペアにします。

3. 幸せじゃんけん

　まず、近くの人とペアを組みます。教員の合図でじゃんけんをして、「あいこ」になった場合は「気が合うね」と互いにほめあい、ペアのままでいます。あいこにならなかった場合は、「残念、バイバイ」と言ってペアを解消し、ペアを解消している他の人と新しくペアを組みます。数回じゃんけんを繰り返して、ペア組みをします。

4. 今日の1字

　まず、今日の心境を表す漢字1字を書いてもらいます。書き終わったら、一人ずつ書いた漢字とその理由を発表してもらいます。ペアは書いた漢字の部首などで決めます。

【6】 モデル学生①の「語り」を視聴

　「体験の言語化」では、自分の体験を第三者に伝える力を身につけることが目標です。その形式として、パワーポイントやポスターなどの視覚に頼った方法ではなく、言葉と身振りのみで相手に伝える「語り」という形式で授業の成果を発表します。

　多くの受講生は「語り」という形式での発表に慣れていないため、どのようにすれば良いかのイメージをもてないことが多いです。そこでまず、モデル学生（過去の受講生）による「語り」を視聴し、「語り」のイメージをつかんでもらいます。

　「語り」を視聴する際の注意点は、受講生の多くがモデル映像のような発表が「正解」だと思い、モデル映像の発表を真似てしまうことです。モデル映像を1つの参考にするのはもちろん大切ですが、「正解」ではないと伝えてください。

　モデル学生の「語り」映像（5分）は、早稲田大学平山郁夫記念ボランティアセンターの WEB サイトの科目「体験の言語化」のページから視聴できます。

体験の言語化　モデル学生　検索

ONE PHRASE ワンフレーズ

　モデル映像は1つの参考です。これと同じように発表するためではなく、自分の気もちを表現する言葉や社会の課題の示し方に関する参考例として見てください。

【モデル学生①の発表原稿】

　皆さん、ドタキャンされたことはありませんか。経験したことがある人なら、誰しもがおそらく、申し分のない憤りや悲しみを感じたことでしょう。

　今日は僕のドタキャンに似た体験から、その背景にあることを考えてみたいと思います。

　僕は海外ボランティア団体の代表をしていました。ミーティングは週1回。ミーティングの予定は固定で決まっているので、重要な用事以外、原則全員出席というルールがありました。

　そして、やってきた自分にとって最後の海外渡航。自分も他のメンバーも非常に充実した時間を過ごすことができ、メンバー同士の結束も非常に強まりました。そして、無事に帰国し、帰国後1回目のミーティングの出欠を確認する際、次から幹部として団体を担っていく立場になった後輩が言いました。

「バイト入れちゃったので、行けません。」

　「ざけんなよ」思わずそんな言葉が出そうになってしまうほど、激しい怒りがこみ上げ、そして何より、悔しかったです。

　充実したかに見えた渡航は、後輩には何も響いていなかったのか。そんなことも思いました。

　後輩としては、「新体制が発足したばかりだし、自分一人くらいがいなくても他の人が回してくれるからよいかな」とか、「自分なんかが幹部をできるかわからないし、実感わかないなぁ」とか。そういったように、まだ団体との距離を感じていたのかもしれません。

　後輩の気もちの根底にはおそらく、「自分なんて」という過小評価するようなネガティブな思考があったのでしょう。そして、それが自分より経験豊富な人に任せてしまえばいいという投げやりな行動につながったのだと思います。

　では、そんなことを言っている僕はどうだったのでしょうか。

　「ルールを破ってバイトを入れたやつが悪い」と、ただ一方的に相手を非難し、自分の中で勝手に、静かに怒り爆発させていました。

しかし、僕は後輩に、積極的に働きかけていたのか。一度でも、直接話しかけて、訴えかけようとしていたのか。自分より、穏便に注意してくれる人に任せておこう。そんな考えが片隅にあったのではないか。ふりかえると、そんなことに気づきました。自分のことを棚に上げていましたが、僕自身、「自分が注意したところで」という思いがあったのです。

　僕と後輩に共通していたのが、「自分なんて」「自分がやったところで」という自分を卑下する感情でした。

　そして、その感情から生じた「諦め」に似た投げやりな行動を『自己否定による他人任せ』と名付けました。

　まさにこの『自己否定による他人任せ』こそ、今の社会の問題なのではないかと僕は考えています。

　皆さんも自分の日頃の行動を、よくふりかえってみてください。たとえば、選挙の投票に行っていますか。エアコンの消費量を抑える努力をしていますか。

　「私が一票入れたところで、政権体制は何も変わらない」「僕がクーラーの温度を１度上げたところで、地球温暖化は止まらない」そんなことを思っていませんか。

　「誰かがやれば」では、社会は変わりません。みんながその「誰か」に期待していては、その先には誰も動き出せない社会が待っています。「自分じゃなくたって」と思うことは、確かにあります。僕もそう思ったことは、たくさんあります。

　しかし、「自分がやらなかったら、誰がやるのか」と考えたことはありますか。その誰かに、どんな負担がかかるのか考えたことはありますか。

　皆さんの周りの友達、ひいては社会において、皆さんの力は必ずどこかで必要とされているでしょう。

　「自分なんか」と否定するのではなく、今日からは微力ながらも、自分から動いてみませんか。以上です。

教員による「モデル学生①の発表」への解説例

ポイント1：「自分と相手の気もちを想像し、自分の言葉で語れているか」

自分の気もちについては、「『ざけんなよ』と言葉がでそうなほどの怒りや悔しさ」という表現をつうじて、多面的な気もちの表現ができています。相手の気もちについても「自分なんかが幹部ができるかがわからないし、実感がわかない」というように、単にやる気がないだけでない相手の立場に立った想像ができています。

ポイント2：「体験と社会の課題が有機的につながっているか」

発表者の学生はまず、「ミーティングに行かない」と言った後輩の背景には、「自分がやったところで」と自分を過小評価させる力があることに気がつきました。そして、そうした自分を卑下させる力は「自分が言っても後輩は変わらない」と思う自分にも影響を与えているのではないかと考えました。さらには、二人の背景にあるこの共通した要因を「自己否定による他人任せ」という社会の課題として表現できています。このように社会の課題を発見し、普遍性をもつ課題としてストーリーを展開させたことは、自分の言葉で有機的なつながりを表現できたと評価できます。

解　説

「自分の言葉」とは？

　この授業における「自分の言葉」とはどういうものか？これを受講生に説明するのは、簡単ではありません。

　学生の表現が「自分の言葉になっている／なっていない」の境界は、曖昧でグラデーションがあります。また、聴衆の感性によっても異なる受けとめ方があるので、授業を実践する教員が明確に区別するのは困難です。例えば、第1回モデル学生の発表では、冒頭に「憤り」「悲しみ」といった表現があります。この単語自体は、よくある感情表現の単語ですが、モデル学生はこれらを使って「申し分のない憤りと悲しみ」というフレーズにしました。これは、イマドキの学生らしい気もちを率直に表す独創的な言葉になっている、つまり「自分の言葉で語っている」と評価することができます。

　逆の見方で言い換えると、「自分の言葉でない言葉とは、メディア等で一般的に使われている言葉や学術の言葉などを単に借りてきた表現です」と説明することもできます。

　その上で、ルーブリックでは「自分の言葉」を「公の他者が理解できる表現」、「自分の中で一度咀嚼した表現」、「自分だけの感性の言葉」と定義しています。

体験の言語化実践ガイドブック

「自分の言葉」の事例集

『心のワーキングプア』

【体験】

テレビのドキュメンタリー番組でワーキングプアの母子を観たとき、私の子どものときを思い出した。私の場合、経済的には困窮していなかったが、テレビの母子同様に、母との会話はほとんどなかった。ときには、母にかまって欲しくてわざと我がままを言うこともあったが、そのたびに母に叱られた。

【気もちの表現】

叱られるたびに、「母は私の寂しい気もちを理解してくれていない」と怒る気もちを抱く一方、バンと突き離された気もちを抱いた。

【見つけた社会の課題】

「シングルマザーの心のワーキングプア」

『イメージにとらわれる恋愛』

【体験】

彼女に振られてしまったとき、彼女から「イメージしていたのと違った」と言われた。彼女のイメージしていた恋愛とは、テレビやマンガなどで描かれているものだった。

【気もちの表現】

「フィクションが現実にあるわけないだろう！」と理不尽さを感じた一方で、「まぁでも、それなら仕方がないかな」と変な納得感と安心感を抱いた。

【見つけた社会の課題】

「メディアによるイメージにとらわれた恋愛」

解　説

「社会の課題」とは？

　この授業が求める社会の課題を発見するために、多くの受講生は二つの段階を経ます。第一段階は、「一般的な社会の課題の発見」です。「学校教育が悪い」「メディアに問題がある」といったように、誰もが簡単に発想できる一般的な社会の課題に気がつきます。しかし、これでは、この授業で求める「体験からつながる社会の課題を自分の言葉で語る」（ルーブリック観点4）ことにはなりません。このような「一般的な社会の課題」は、この授業を受けなくても発想できるからです。

　そこで第二段階として、さらに考えるよう受講生にうながします。自分の体験だからこそ導きだせる課題は何か？そもそも自分が「ひっかかり」を感じたのはどこか？それはなぜだったのか？といった形で自分の体験に立ち戻って思考するよう問いかけます。そうすると、「一般的な課題」から一歩踏み込んで、「自分の言葉で社会の課題を語る」ようになります。例えばモデル学生の発表では、見つけた課題は「自己否定による他人任せ」でした。これは、一般的な社会の

第 1 回　参加型・対話型授業の心構えと目標設定

課題で表現すると、「自己肯定感の低い日本の若者」「失敗を恐れる草食系男子」といった言い方もできるでしょう。しかし、これらのよく使われている言葉ではなく、「自己否定による他人任せ」という自分なりの表現をしたことが、この授業では高く評価できます。

また、「社会の課題を自分の言葉で語っている」と評価できる場合に、二つのパターンがあります。それは、①単語やフレーズが自分の言葉で表現されているパターン、②体験と発見した社会の課題との「つながり」が自分の言葉で表現されているパターンです。

①の例は、「文武両道の武の過小評価」「忙しさに酔う」「うわべだけのコミュニケーションによる究極の無関心」などを挙げることができます。

②の例は、「格差」、「正義」、「貧困」といった言葉です。これらは、一般的な社会の課題としてよく使われる言葉です。そのような言葉で学生の課題が表現されたときに、学生自身が曖昧でよくわからないまま、なんとなくその言葉を使うのではなく、自分の体験を咀嚼した上で、その言葉に対して自分なりの定義を持って使う場合には、一般的な言葉だとしても、それを「自分の言葉」と評価することができます。また、自分の体験とのつながりのプロセスに独創性があったり、相手の課題と自分の課題とをつなげて普遍性が高い課題として展開している場合も、たとえ使っている言葉が一般的であっても、この授業では「自分の言葉」で語っていると評価できます。

共有事項 一般的な「社会の課題」リスト

「文化」に関するもの	・文化相対主義・伝統文化・異文化
「教育」に関するもの	・教育格差・いじめ・発展途上国での教育
「人権」に関するもの	・ホームレス・DV・LGBT
「地域」に関するもの	・被災地・ボランティア活動・地域（地方）格差
「医療」に関するもの	・介護・医療格差・病児保育
「労働」に関するもの	・ワーキングプア・ブラック企業（ブラックバイト）
「倫理」に関するもの	・動物保護・自殺
「経済」に関するもの	・経済格差・一人親支援・貧困

共有事項 「体験の言語化」で求められる社会の課題例

①海外教育ボラティアをしたとき、現地の先生が指導として生徒を叩いていた。日本では体罰はよくないとされていると抗議したけれども、先生に相手にされずもめた。
　→「自文化の価値観の押し付け」という社会の課題

②母親とは仲が良く、一度も親子喧嘩をしたことがなかった。しかし進路について相談したとき、一方的に母の意見を押し付けられ、母は自分のことを理解していないという気もちになった。
→「なんちゃって仲良し母娘」という社会の課題

③男女差別は良くないということをこれまで習ってきて、自分でも差別は良くないと考えていた。しかし、部活動のある場面で自分が男子部員と女子部員に対する対応に差を付けていたことに気づき、何故そんなことをしたのだろうと戸惑ってしまった。
→「差別する側の無自覚な差別意識」という社会の課題

【7】 グループワーク

視聴した「語り」の映像について、グループで議論を行います。

ONE PHRASE　ワンフレーズ

「自分と相手の気もちを想像し、自分の言葉で語れているか」と「体験と社会の課題が有機的につながっているか」の2点について、グループ内で話し合ってください。

【8】 受講生と教員からのコメント

数名の受講生から、視聴した「語り」へのコメントを求めます。クラス全体にコメントを発表した学生に対しては、「よくその点に気がつきましたね。その点は重要です。」等、まずは肯定的なコメントを心がけてください。そのことによって、クラスで自分の発言が肯定的に教員に受け止められたと感じる経験となります。

教員が行うモデル事例の解説は、ルーブリックに記載してある「本講義で身につけたい3つの力」（pp.1〜3）と照らし合わせたコメントをします。

【9】 本日の授業のふりかえりとこれからの抱負

授業の最後に、「90分参加型の授業をやってみて、あなたはどう感じましたか？」と、本日の授業で感じた気もちを表現するように問いかけてください。このような質問に答えることそれ自体が、自分の体験を語るという体験の言語化のトレーニングであると伝えます。

第1回　参加型・対話型授業の心構えと目標設定

第2回　気もちの多層性に気づくペアワーク

第3回　他者を想像するために演じてみる

第4回
個人の体験から社会の課題を発見するマッピングの解説

第 2 回

個人の内面のふりかえり①
「体験を思い出し、自分の気もちをふりかえる」

はじめに

　第1回の授業では、体験をふりかえり、言葉にすることの大切さを受講生に伝えました。第2回の授業では、受講生の体験を実際にふりかえります。

　まず、自分の話をするとき・他者の話をきくときの「グランドルール」を受講生と確認します。自分の気もちを誰かに話しやすくするために、全ての受講生が「グランドルール」を守るように伝えてください。

　そのうえで、自分の「ひっかかり」体験をワークシートに書き出し、ペアワークをつうじて、その時の気もちを多層的に表現することに挑戦します。

学習者の到達目標

(1) 体験の中で自分の気もちが動いた場面や出来事を思い出す

(2) 気もちが動いた場面を描写し、そのときの自分の気もちを言葉で表現する

(3) 自分の気もちが多層的であることに気づく

タイムテーブル

時間配分	タイムテーブル
10 分	【1】授業の目的と進め方と「グランドルール」について
5 分	【2】ワークシート記入
5 分	【3】アイスブレイク・ペアをつくる
10 分	【4】学生と教員によるデモンストレーション
30 分	【5】学生同士のペアワーク
30 分	【6】全体への発表と今回のまとめ

今回の授業で使用するもの

(1) ワークシート「あなたの体験とそのときの気もちを思い出そう」

(2) 自分の話をするとき・他者の話をきくときの「グランドルール」

(3) ふりかえる場面として不適切な体験のチェックリスト

(4) 相手の話のきき方

【1】授業の目的と「グランドルール」の説明

　まず、今回の授業では自分の心にひっかかった場面を思い出し、その時の「自分の気もち」や、気もちの多層性に気づくことが目的であると伝えます。

　次に、1人1人が自分のことを話しやすい雰囲気にするための「グランドルール」を守るように伝えてください。

ONE PHRASE　ワンフレーズ

　グランドルールは、人に自分のことを話すときの注意点と人の話をきくとき・きいたあとのルールです。忘れないように、意識しましょう。

共有事項　自分の話をするとき・他者の話をきくときの「グランドルール」

(1) この授業できいた個人の話は本人の了解なく、かってに他言しない。 　＊他言されるリスクもあることをわかった上で、自分が話す内容を考えるように説明します。
(2) 自分のことを話すのは、予期せず感情が揺れることもあると知っておく。
(3) 自分が話したくないことは、話さないように意識する。
(4) 話したくないと感じたときは「それは話したくないです」と相手に伝える。
(5) 話しているうちにそのときの気もちを思い出して辛くなってきたら、話すのもきくのも一旦やめる。
(6) 辛くなってきたら、授業のあとでも教員に伝える。

【2】ワークシート記入

　体験の中で感情が最も揺れ動いた「一場面」を思い出し、その場面を切り取るように伝えます。そのひっかかった場面の詳細を思い出してもらうため、まずは受講生1人でワークシートへ記入します。

　ワークシートへ記入するときは、受講生が具体的な一場面を思い出せるように、教員は次のような言葉がけをしてみましょう。

ONE PHRASE　ワンフレーズ

　今でも覚えているモヤモヤする場面は、どんな場面なのか。どんな言葉に怒ったのか。何に一番、悲しくなったのか。そんな今でも心に残っている場面を思い出してみてください。

体験の言語化実践ガイドブック

共有事項 ふりかえる場面として不適切な体験

（1） 情景、ひっかかった相手の言葉の詳細が思い出せないなど、記憶が鮮明ではない体験
（2） 自分が、起きた出来事の当事者ではなく、第3者の立場にいる体験（「友達同士の喧嘩を眺めていました」など）
（3） ポジティブなだけの体験（「辛かったインターンシップでしたが、学びになりました！」など）
（4） 相手（その場面にいた人）についての情報が少ない体験（その日初めて会った人でその後の関係は切れている、など）

　このような体験をふりかえろうとしている受講生がいた場合、教員から別の体験や場面に切り替えるようにうながしてください。

【3】アイスブレイク・ペアを作る

　pp.8～9を参照してください。

【4】学生と教員によるデモンストレーション

　ペアワークによる気もちの表現を受講生に見せるため、教員が受講生の中から1人を選び（立候補や指名など）、全体の前でその受講生の気もちを引き出すデモンストレーションを実演します。

　受講生の多くは、「ムッとした」「『えっ！？』と思った」などの感情や気づきを些細なことと思い込み、「語る必要はない／語るべきではない」と判断してしまいがちです。

　デモンストレーションのときには、そのような小さな心のひっかかりをふりかえることが気もちを表現するヒントになると実感してもらうことが人切です。共有事項「相手の話のきき方」にあるような言葉がけをおこない、受講生が積極的に様々な気もちを表現できるようにしてみましょう。

共有事項 相手の話のきき方

（1） 相手には共感的な態度できく。 　「なるほど。そうだったんですね。」 　＊ただうなずいたり相づちを入れるのではなく、「この人は話を聞いてくれている！」と思ってもらえるような雰囲気をつくることが共感的な態度につながります。
（2） きく側も相手に対する想像力を使いながら質問する。 　「それは、こういうことだったんですか？」
（3） その場面が映像として想像でき、共有できるような情報をきき出す。 　「どんな場所でしたか？」「誰がいて、何をしていましたか？」

第2回　個人の内面のふりかえり①

(4) 表現された言葉を受け、そのときの本人の気もちを思い出させる質問を繰り返す。 「『えっ！』と思った」←「『えっ！』は、驚きですか？それともショックで悲しい気もちですか？」
(5) その場面での自分の気もちは多層的であることを前提に、それらを引き出す質問する。 「嬉しかったんですね。でも、ちょっと残念にも感じたんですね。他には、どんな気もちになりましたか？」
(6) 相手の話を否定したり、価値判断や道徳的な判断をしない。また、解決策を提示しない。 ＊「それは、君が間違っているよ」「相手に対して、そういう気もちを抱くべきではないよ」「そのときは、～すべきだったんだよ」などは言わない。
(7) 相手の気もちを確認しながら、相手の言葉を重ねる。 「そのとき、あなたはよいことだと思ったんですね？」
(8) 「わからない」という答えに対しても、共感しながら「何がわからないのか」を一緒に考える姿勢をもつ。 「それは、よくわからないんですね。どういう部分がわからないの？」

ペアワークでの問いかけ例

（1）それはいつですか？ 　去年の夏。 （2）それはどこですか？ 　福島での被災地。 （3）それはどういう出来事でしたか？ 　ボランティア先のおじさんに怒られた。 　東京の人に被災地の「現状」を伝えようと思って 写真を撮っていたら、おじさんに 「そんなところ、撮るなよ！」と怒られた。 （4）そのときのあなたはどういう気もちでしたか？ 　頭にきた。 「頭にきた」けど、怒るようなことをしたかもと思って 「焦った」し、「ごめんなさい」という気もちになった。

どんな風に
おじさんに
怒られたの？

他にはどんな気持ちがあった？「怖い」とか「悲しい」とかはあった？

【5】 学生同士のペアワーク

　受講生が自らの体験をふりかえる時間は1人15分間です。背景説明に時間がかかりすぎて肝心な気もちについて話せないで終わってしまわないように、教員がタイムキーパーとなって時間内に指示された内容をおこなえるようにしてください。

ペアワークの進め方 ＊1人15分×2

時間配分	ワークの内容
7分	「ひっかかり」体験の説明
3分	その場面で感じた気もちの説明
5分	気もちを多層的に表現することに挑戦

Question2-1 悩み相談みたいになってしまっている受講生がいます。

このワークはカウンセリングを目的としたものではありません。たしかに「ひっかかり」体験を語るうえで悩んでいる部分に触れる必要もあります。しかし今回のワークの目的は、「ひっかかり」体験をしたときの「自分の気もちを表現する」です。したがって、気もちから離れて「辛かった体験」だけを語っている場合は、授業の目的を改めて確認し自分の気もちに着目するように伝えて下さい。

Question2-2 ペアワークの際に、涙が出てしまった受講生がいます。

泣いている受講生に対しては「話すのが辛いなら、一旦、話すのを止めましょう」とワークを中断させ、落ち着くまで休憩をさせてください。授業後に、泣いてしまった理由を確認し、引き続きふりかえるのが難しいようであれば、体験を変更することもできると伝えてください。ペアの相手に対しては、「あなたが泣かせたわけではないから、大丈夫だよ」といったフォローをし、他のペアグループに参加をさせてください。

Question2-3 うまく質問できないペアがあります。

質問する側も質問される側も気もちの多層性という言葉の意味が理解できていないために、うまく質問ができていない可能性があります。このようなペアにはデモンストレーションに加えて、「じゃあ、怒った気もちの強さを数字で表すと1〜10のどれかな？」「悲しいって、色にするとどんな感じかな？真っ青？それとも黒っぽい？」など多層性のイメージをもたせてあげるとよいです。

【6】 全体への発表と今回のまとめ

　最後に受講生全体で輪の形になり、数名にペアワークがうまくできたか、難しかったのはどういう点かなどについてコメントしてもらいます。その後、代表の受講生1〜2名を決め、自分の「ひっかかり」体験とその時の気もち、及び、ペアワークで気づいた点について発表してもらい

第2回　個人の内面のふりかえり①

ます。その他の受講生たちには発表した受講生が気づけていない気もちについて想像し、「こんな気もちもあったのではないか」といったコメントをするように伝えます。

　全体への発表の際には、まずは受講生から自主的に発表してもらうように教員は挙手をうながしてください。挙手がない場合は、教員が受講生を指名してください。

　全体への発表時、毎回、同じ受講生ばかりが発表してしまうことがあります。もちろん、発表したい受講生の意欲を尊重するのは大切です。しかし、発表は限られた授業回数の中で直接教員や他の受講生から多くのフィードバックをもらえる時間です。なるべく全ての受講生が全体に対して発表しフィードバックを得られるように発表者を調整してください。

第3回

個人の内面のふりかえり②
「相手の事情と気もちを想像する」

はじめに

　第2回の授業では、「ひっかかり」体験での自分の気もちをふりかえりました。第3回では、自分の気もちだけではなく、「ひっかかり」体験をしたときの「相手」の気もちや相手を取り巻く事情、背景について想像します。

　他者の気もちや事情、背景を想像するための方法として他者を演じてみます。演劇後は、ワークシートの記入やペアワークを行い、相手の気もちや事情、背景をさらに想像します。

学習者の到達目標

(1) 他者を演じる経験をつうじて他者をめぐる事情と背景を想像する
(2) 場面における他者の気もちを想像する
(3) 他者の気もちの多層性に気づく

タイムテーブル

時間配分	タイムテーブル
10分	【1】授業の目的の説明とペアづくり
5分	【2】教員と受講生による演劇のデモンストレーション
10分	【3】デモンストレーションに関するディスカッション
20分	【4】ペアで演劇とディスカッション
15分	【5】演劇に関するクラス全体でのディスカッション
15分	【6】ワークシートへ相手の気もちの追記とペアでディスカッション
15分	【7】全体への発表

今回の授業で使用するもの

(1) 第2回ワークシート
(2) 「演劇 見本演技用資料」

【1】授業の目的の説明とペアづくり

　他者を演じてみる目的は、相手がそのときどのような気もちを抱いていたのか、どのような立場に置かれていたのかを想像することであると伝えます。

　演技の上手さが求められているのではなく、他者を想像して、他者になる努力が大切であると伝えます。

ONE PHRASE　ワンフレーズ

　演技して誰かになってみることで、相手の気もちを想像してみましょう。上手い下手は関係ないので、恥ずかしがらないでやってみましょう。

　ペアのつくり方は、pp.8〜9を参照してください。

【2】教員と受講生による演劇のデモンストレーション

　演劇に慣れていない人も多くいます。デモンストレーションを行う教員が率先して思い切って演じてみることで、受講生も演じやすい空気が生まれます。

デモンストレーションのやり方

（1）受講生の中から、一緒に演劇をしてくれる人を選ぶ。 　　（積極性のある受講生を選ぶと、演じやすくなります。）
（2）3分程度で、演劇設定*にそった演劇を行う。 　　（教員は「店長」役、受講生は「アルバイト学生」役を演じます。） 　　＊演劇設定は、**共有事項**「**演劇 見本演技用資料**」を参照し、「アルバイト学生」役の受講 　　　生にわたしておきます。 　　＊演劇設定は、デモンストレーションをしてくれる受講生にのみわたしてください。演劇 　　　設定を受講生全員にわたすと、設定を意識しすぎてしまう可能性があります。

Question3-1　教員・受講生はどのように、デモンストレーションを演じればよいのでしょうか。

　デモンストレーションの目的は「演劇」を見てもらい、即興であったとしても想定した場面や設定に応じた演劇のイメージを広げることです。そのため、黙り込んでしまったり、「○○のように演じなければ駄目！」と、見る側の思考を固定させなければ、その人物になりきって演じたいままに演じて大丈夫です。

体験の言語化実践ガイドブック

【3】 デモンストレーションに関するディスカッション

　デモンストレーション後、「店長」と「アルバイト学生」それぞれの気もちや事情、背景について受講生に想像してもらい、全体でディスカッションを行います。

ONE PHRASE　ワンフレーズ

　アルバイト学生や店長が、どんな人でどういった気もちだったのか。どんな背景があったのかをクラス全体で想像してみましょう。

　具体的な例や発言にもとづくと、さらに相手の気もちが想像しやすくなります。

ONE PHRASE　ワンフレーズ

　アルバイト学生は、一人暮らしかな？

ONE PHRASE　ワンフレーズ

　アルバイト学生に断られたとき、店長はどんな気もちになったと思う？

　相手の立場や気もちを決めつけて考えている受講生がいた場合は、「決めつけ」ではなく、相手の事情や背景を想像してみるように伝えます。

ONE PHRASE　ワンフレーズ

　店長の性格が悪いと決めつけるのではなく、どうしてアルバイト学生に無理強いをさせているのか店長の立場になって考えてみよう。

　ディスカッションで出てきた発言を例えば次のような形でまとめて板書すると、相手の立場に立ってみる際の参考になります。

第3回　個人の内面のふりかえり②

【心情】
○お金に困っているから仕方がない
○今後もこれが続くのか…
○信頼を失いたくない
○能力がない店長だな…
○負けそうでくやしい！
○シフトに入りたい←→自分のこともある
　　　　　　　＝ジレンマ
○自分ばっかシフトが入ってるんじゃないか!?
○よい人に思われたい

【事情・背景】
○協調性
　（周りを意識してしまう）
○家計の都合上、続けなければ
○流されやすい
○断れない性格
○上下関係

【心情】
○経営上、引き下がれない
○申し訳ない…
○Aさんの事情を気にしてられない
○押せばいけるんじゃないか!?
　（いつも、頼めるし）
○仕事だから、多少の無理は当たり前
○嫌われたくないが、シフトに入ってほしい
○人のよいこの子をうまく使ってやろう

【事情・背景】
○責任者としての立場、責任
○家庭状況
○立場の利用
○お店←→キャリア
　　　　＝板ばさみ
○店の存続を考えており、ひいてはバイトのため

Question3-2　背景や抱えている事情は、どこまで想像できればよいのですか。

今回は、「部活動をしている」「一人暮らし」「母子家庭」「結婚して、子どもが1人いる」など個人の事情までの想像で構いません。「部活動をしているから忙しくて、仕事のお願いを断った」といった背景に結びつけるのは次回になります。

Question3-3　板書をする時間を取るのが難しいのですが、板書は必ずしなければならないのですか？板書ではなく、パソコンなどを使うのはだめでしょうか。

板書の目的は、受講生から発表された意見を全体で確認することです。掲載されているような参考例のように多くを書く必要はありませんが、2つ3つ程度は受講生からの発言を板書しておくとよいです。受講生からの発言をすぐに反映できる場合であれば、パソコンなどを用いても問題ありません。

【4】ペアで演劇とディスカッション

　ペアで「店長」と「アルバイト学生」の演劇を行います。立場の異なる人の気もちや背景を想像してもらうために、「店長」と「アルバイト」それぞれの役を演じてもらいます。

　それぞれ両方の役を1度ずつ演じるので、教員がタイムキーパーとなって時間内に両方の役を演じられるようにします。

演劇の進め方 ＊3分×2

時間配分	ワークの内容
3分	「店長」と「アルバイト学生」の演劇
3分	役を交代して、もう一度、演劇

ONE PHRASE ワンフレーズ

　いまから3分間で、演劇スタート！

ONE PHRASE ワンフレーズ

　店長とアルバイト役を交代して、もう一度3分間の演劇スタート！

Question3-4　役を替えても、似たような内容になっているのですが。

　似たような行動をした場合でも、気もちやその背景にある理由が異なる場合があります。そのことに気づくのが目的なので、表面的に似通っている場合でも次のディスカッションで掘り下げてください。

　ペアでのディスカッションでは、演じてみた感想だけではなく、2つの役を演じてみて気づいた気もちの違いなどについてディスカッションします。

　次の全体でのディスカッションに備えて、どのような内容をペアとして発表するのかを相談するのもよいでしょう。

【5】演劇に関するクラス全体でのディスカッション

　クラス全体で演劇をしてみた感想や気づいたことについてディスカッションします。

　受講生からの以下のような発表に対して、教員は次のように発表を掘り下げる問いかけをしましょう。

第3回　個人の内面のふりかえり②

受講生からの発表例
「演じることは難しかった」
「色々な気もちがあると気づいた」

ONE PHRASE ワンフレーズ

どんな部分が演じるのに難しいと感じた？

ONE PHRASE ワンフレーズ

色々って、例えばどんな気もち？

Question3-5　受講生の発言が似たようなものばかりなのですが、どうしたらよいでしょうか。

「断ったとき、どういう気もちで断ったのかな？」「断られたとき、怒る気もち以外にどんな気もちになった？怒る気もちしかなかったなら、どんな怒り？」などのように、教員が問いかけてみてください。

【6】ワークシートへ相手の気もちの追記とペアでディスカッション

　ここからは自分自身の「ひっかかり」体験にもどります。第2回のワークシートの「(5) そのときの『相手』はどういう気もちだったと思いますか？」の欄に、想像した相手の気もちを書きます。

　追記後、ペアで、「ひっかかり」体験とその時の相手の気もちを発表しあいます。受講生にはペアの人が想像した「相手の気もち」を聞きながら、さらに別の視点から想像が広がるような質問をするように指示します。

ONE PHRASE ワンフレーズ

　「君はそういう言葉を言われて、悲しかったんだね。相手の人も、もしかしたらその言葉を言って、悲しい気もちになったかもね」のように、ひっかかった場面を想像しながら相手の気もちを想像できるような問いかけをしてみましょう。

体験の言語化実践ガイドブック

ペアワークの進め方

時間配分	ワークの内容
5分	「ひっかかり」体験での相手の気もちを想像して、ワークシートに追記する
5分×2	ペアの相手に、「ひっかかり」体験での相手の気もちを話す

【7】 全体への発表

　受講生の中から1人、自分の体験について発表してもらいます。このときに話してもらう内容は、次の3つです。

　　(1) いつ・誰と・どのような出来事か

　　(2) そのときの「自分」の気もち

　　(3) そのときの想像してみた「相手」の気もち

発表の進め方

時間配分	ワークの内容
5分	受講生による発表
10分	教員や他の受講生からコメント ①受講生からコメント ②教員からコメント 　＊相手の多層的な気もちに気づけるようなコメントや、コメントをした受講生のよかった点をほめてください

演劇 見本演技用資料

場面：アルバイト先

　Aさんは、大学2年生。地方出身で、今は東京都内で一人暮らし。生活費を稼ぐために居酒屋でアルバイトをしている。飲食業で働くことは接客の経験になり、将来の就職活動にも有利ではないかと思い、そのバイトをやることに決めた。その居酒屋は全国チェーン店の支店で都心の駅前にある。店はいつも忙しく、常にスタッフはぎりぎりの人数で店を回している。Aさんは、夕方5時から夜10時までのシフトで1週間に3回入っており、このアルバイトをはじめて半年になる。店長は40代の男性で本社で採用されている正社員。ずっとその居酒屋チェーンで働いてきた。彼は、いつも店の売り上げ実績を気にしており、毎月、売り上げの数字をスタッフに伝え、もっと頑張れると励ます。そして、「常にお客様への感謝の気持ちを忘れないこと」「常に元気よく行動すること」と店のスタッフに言っている。店のスタッフはほとんどが学生アルバイトで、

第3回　個人の内面のふりかえり②

その他、数名の派遣社員がいる。店長は日頃、まじめに接客に取り組むAさんの働きぶりを褒めてくれており「いつも頑張っているね」と声をかけてくれていた。スタッフも若い人が多く、仕事の合間のおしゃべりも楽しく仲がよい。Aさんは、その居酒屋で自分が認められていることを嬉しく感じており、接客の仕事にもやりがいを感じていた。

　そんなある日、Aさんは店長より最初の契約のシフトにない夜の超過労働を強要された。「今日、もともと入っていた夜の担当のアルバイトスタッフが病気で休んだから、店が回らない。なので、どうしても君にやってほしい。他にできる人がいない」と説得される。Aさんは、その日はたまたま学期末レポートの締め切りがあり、できるだけ早く帰りたいと感じた。しかし、Aさんは、店長に「それはできません。レポートがあるので本日は帰ります」となかなか言い出せないでいる。そうやって突然に超過労働を依頼されることはこれまでも何回もあった。そのたびにAさんは、しょうがないと思って仕事を引き受けてきた。そして、その回数はどんどん増えていくようにも感じている。

【Aさん】	【店長】
・大学2年生。地方出身、東京都内で一人暮らし	・40代の男性、正社員
・生活費を稼ぐためにアルバイト	・売り上げ実績を気にしている
・就職活動の役に立つかも	・スタッフに伝へ、もっと頑張れると励ます
・シフトで1週間に3回、はじめて半年	・お客様への感謝の気持ち、元気よく行動
・おしゃべりも楽しく仲がよい	・Aさんの働きぶりを褒めている
・自分が認められていることが嬉しい	・「頑張っているね」と声をかけていた
・接客の仕事にもやりがいを感じていた	【店】
・説得される	・スタッフはぎりぎりの人数
・言い出せないでいる	・ほとんどが学生アルバイト
・しょうがない	・数名の派遣社員
・頼まれる機会がどんどん増えていく	・おしゃべりも楽しく仲がよい

体験の言語化実践ガイドブック

第4回

社会の課題を発見するふりかえり①
「体験からつながる社会の課題を発見する」

はじめに

前回までは、個人の内面の気もちをふりかえりました。第4回からは、それらの気もちを起点に、背景にある社会の課題を見つけます。

学習者の到達目標

(1) 場面や出来事を図（マップ）にして視覚化する
(2) 関連する人物や組織の関係性に気づく
(3) 気もちをもたらす社会の課題を探す

タイムテーブル

時間配分	タイムテーブル
5分	【1】授業の目的を説明
20分	【2】個人の体験から社会の課題を発見するマッピングの解説
20分	【3】ワークシートA記入（個人作業）
30分	【4】全体への発表と教員からのアドバイス
10分	【5】ワークシートA再記入（個人作業）
5分	【6】本日の授業のふりかえり

今回の授業で使用するもの

(1) 第4回ワークシートA

＊今回の授業でメインに使う資料です。ワークシートAに、自分の体験から社会の課題を見つけ出すためのマップを描きます。

(2) 第4回ワークシートB

＊自分や相手を取り巻く状況を上手く整理できないときに、補助プリントとして使います。今回の授業内で上手くマッピングができなかった受講生に、自主課題として使うように説明します。

【1】授業の目的を説明

前回までは、自己と他者の「気もち」をふりかえってきました。今回からは、ふりかえった気もちを起点として、気もちからつながる社会の課題を見つけると説明します。

Question4-1　「気もちを起点にする」とはどういうことでしょうか。

受講生にとっては、社会の課題という言葉からは、抽象的で一般的な課題を考えがちになります。「格差」「貧困」等は、わかりやすい社会の課題であり、受講生が何かを体験しなくても、それを課題として指摘できてしまいます。体験の言語化では、こうしたすでに知っている社会の課題に自分の体験を当てはめるのではなく、言語化された自分の気もちと結びつけて、「なぜ、そういう気もちになったのか」を起点に社会の課題を発想します。

【2】個人の体験から社会の課題を発見するマッピング方法の解説

第3回で行った「店長とアルバイト学生」の事例をもとに、社会の課題を発見する方法を説明します。以下の順序に沿って、黒板やパワーポイントで説明しましょう。

社会の課題に関する解説は、第1回（p.13）を参照してください。

社会の課題を発見する方法の説明ポイント

(1) ワークシートに、「自分」と「ひっかかり」体験の「相手」を書く。

(2) 自分や相手の「気もち」や「言葉」、「行為」を書き出す。

(3) 自分や相手を取り巻く「人間関係（家族や先生、友達など）」や「社会とのつながり（学校、インターンシップ先、会社など）」、「社会的な立場（親と子／教師と生徒／正社員とアルバイト／女性と男性など）」を書く。

(4) 書き出した「気もち」や「言動」、「行為」を引き起こした要因として、どのようなものがあるかを問いかける。または、人間関係などとどのようにしてつながるかを問いかける。

(5) マップを作成するときに浮かんだこと（「ひっかかり」体験時の相手の発言や言動など）はワークシートの余白に書き残しておく。

体験の言語化実践ガイドブック

Question4-2　受講生と一緒にマッピングをしないといけないのですか。

教員が1人でマッピングを展開してしまうと、どのような問いかけをすればマップが広がるのかが受講生に伝わりにくくなります。また、教員だけでマップを広げてしまうと、受講生にはそのような広げ方が「正解」に見えてしまい、その後のペアワークや個人での作業が似たようなものばかりになってしまう可能性があります。受講生からの発言の全てをマップに反映することは難しいですが、思ったことや想像したことが広がる可能性を示すためにも、受講生と一緒にマッピングをしてみてください。

★マッピングのモデル

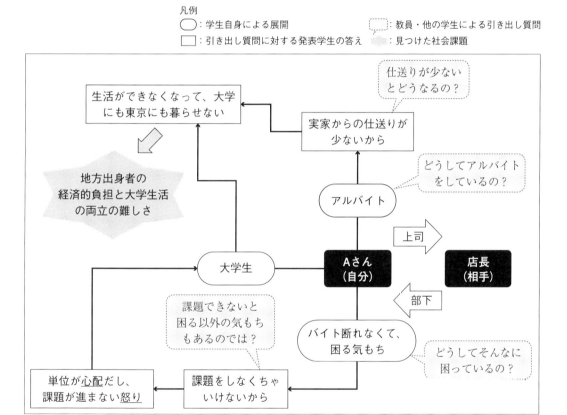

上記なようなマッピング作業は、『第4回ワークシートA』に書いていきます。

【3】ワークシート記入（個人作業）

ワークシートの記入では、自分と相手を中心にマッピングをします。受講生が気もちを思い返せない場合は、第2回と第3回のワークシートを見返すように伝えてください。

第4回　社会の課題を発見するふりかえり①

Question4-3　全くマップを広げられない受講生がいます。

まずは想像しやすい「自分」を中心としたマッピングに挑戦するように指示します。気もちが言葉にならないためにつまずいている可能性があります。まずは、再度、気もちを確認しながら自分のその背後にある人や組織を一緒に書き出すようにしてください。

Question4-4　社会の課題まで書くことができない受講生が多くいます。

今回の目的は、自分の気もちが自分個人の問題ではなく、相手との関係性に影響を受けたり、社会の要因とつながっているという気づきを得ることです。そういう意味で、「こういう課題」という具体的な言葉にならなくてもよいです。「こういう人の影響を受けているかもしれない」「そういう価値観があるからもしれない」というように発想を広げるのが重要です。

【4】全体への発表と教員からのアドバイス

　受講生に自らの体験と作成したマップについて発表してもらいます。発表に対して、教員だけではなく他の受講生も広げ方に関してアドバイスをしましょう。発表するときは、教員が黒板などを使って目の前でマッピングをします。そうすることで、教員や他の受講生からのコメントを書き足せ、自分一人では気づけなかった「ひっかかり」体験からつながる社会の課題を発見できます。

　受講生による発表の後、まずは受講生自身の力で行き着いた地点を評価し、マッピングが行き詰まった箇所について指摘しましょう。

発表の進め方 ＊1人15分×2

時間配分	ワークの内容
5分	「ひっかかり」体験の発表とマッピング
10分	教員や他の受講生からのアドバイス

Question4-5　社会の課題の発見をうながすには、どのようなアドバイスが適切ですか。

教員自身の専門に引きつけて社会の課題を提示できる場合は、いくつか具体的な課題を可能性として提示してみてください。ただし、受講生に視点やアイディアを提供するために、教員自身が自分の「専門知識」「専門知の枠組み」にとらわれがちになることを自覚しておきましょう。

学生の気づきを「貧困」「格差」「規範」などの言葉でまとめたくなりますが、できるだけ「受講生の言葉」を尊重する努力が必要になります。

体験の言語化実践ガイドブック

【5】ワークシート再記入（個人作業）

　全体に向けて発表した受講生へのアドバイスを参考にして、再び個人でマッピング作業をおこないます。たとえすぐに書き足せない場合でも、「○○という部分から先が書けない」とつまずいている部分を明確化して、次回以降も考えるように伝えます。

ONE PHRASE　ワンフレーズ

　今日だけで、ワークシートを全て書けなくても大丈夫です。来週以降も、引き続きワークシートに取り組みます。

　しかし、今日の段階でできなかった部分は曖昧にしないで、「○○の部分から先が難しくて書けなかった」とつまずいている部分を明確にしておいてください。

Question4-6　「気もち」と社会の課題のつながりが不自然に思える受講生がいます。

　一般的な社会の課題を先に発想し、それを起きた出来事の原因として分析してしまうと気もちとの結びつきが不自然になります。その場合は、いきなり社会の課題を発想するのではなく、そういう気もちになった背景にある具体的な人や組織をできるだけたくさん想像してみるようにうながします。そして、そこに存在する価値観がどのようなものかについて問いかけてみてください。

　時間に余裕がある場合は、ペアを変えて見つけた社会の課題を発表してみましょう。

【6】本日の授業のふりかえり

　次回は、今回見つけた社会の課題だけでなく、さらに発想を広げて複数の社会の課題を見つけます。受講生には、「他にはどんな可能性がありそうか。次回までに自分の側や相手の側からもマップを広げて、いろいろ考えてきてほしい」と伝えて下さい。

第４回　社会の課題を発見するふりかえり①

「体験の言語化」をつうじて獲得してほしい視点

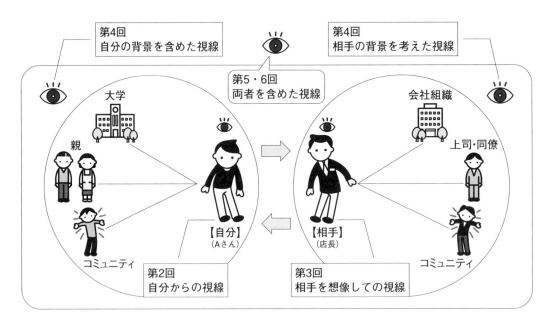

第 5 回

社会の課題を発見するふりかえり②
「多面的な視点から発想する」

はじめに

　第5回は、第4回で発見した社会の課題をもとに、さらに多面的な視点から、その他の課題を見つけます。

学習者の到達目標

　(1) 先週のマップを、さらに想像力を広げて展開する
　(2) 多面的な視点から社会の課題を発見する

タイムテーブル

時間配分	タイムテーブル
10 分	【1】授業の目的を説明
45 分	【2】グループワーク
30 分	【3】全体への発表と教員からのアドバイス
5 分	【4】本日の授業のふりかえり

今回の授業で使用するもの

　(1) 第4回ワークシート A
　(2) 第4回ワークシート B

注意事項

第5回と第6回のワークは、受講生がそれぞれの事例に対して、豊かで多様な課題を発想する力があるかどうかが問われます。そのため、受講生の進捗にばらつきが出やすくなります。ばらつきが出ることは問題ありませんが、受講生間のばらつきがどの程度なのか、教員は確かめるようにしてください。

【1】授業の目的の説明

　今回は、第4回に引き続いて自らの「ひっかかり」体験から社会の課題を発見します。自分や

相手の事情や背景から社会の課題について考えるだけではなく、両者を含めた社会の課題や、まだ気づいていない社会の課題がある可能性について説明します。

　受講生の中には、「そもそもどのようなものが社会の課題なのかわからない」という人もいます。そのような受講生に対しては、第1回の　解　説　「『社会の課題』とは」（p.13）を改めて解説し、一般的に考えられている社会の課題のイメージをつかんでもらいます。一般的な社会の課題を理解することが、自分自身の体験から社会の課題を見つけるときのヒントになります。

【2】グループワーク

　3人1組のグループをつくります。そして、1人ずつ自分の体験とどのようなマップを作成したのかを説明します。説明後、グループの他の人からコメントやアドバイスをもらいます。

　アドバイスする側の学生は、下記の「マッピング進捗ごとのアドバイス方法」を参考にするように伝えます。進捗は、大きく分けて3つあります。それぞれの進捗に合わせてグループ内での働きかけを工夫するように伝えて下さい。

グループワークの進め方 ＊1人15分×3

時間配分	ワークの内容
5分	「ひっかかり」体験とマッピングの発表
10分	グループの人からのアドバイス

Question5-1　進捗度に違いがある受講生がいる場合、どのようにグループを組めばよいですか？

進捗度が異なる人同士が組むようにします。進捗度が早い人にとっては、アドバイスをすることで、ここまでの回をふりかえる時間となります。遅い人であれば、早く進んでいる人の成果をみることで、自らのつまずきを解決するヒントを得る時間となります。

ONE PHRASE　ワンフレーズ

　社会の課題がまだ1つも見つかっていない人と、1つ以上見つかっている人で集まってください。

体験の言語化実践ガイドブック

共有事項 マッピング進捗ごとのアドバイス方法

(1) まだ社会の課題とつながっていない（マップへの書き込みが少ない）

①マップの広がりは十分か確認しよう。

自分・相手の背景に、その気もちをもたらした要因が他にもないか提案してみましょう。

②「なぜ？」「どうして？」と問いかけてあげよう。

「どうして、怒ったの？」「なんで、悲しくなった？」といった気もちの要因を考えてもらう質問と、「どういった背景（家族や部活、会社、上下関係など）があると思う？」といった社会構造を考えてもらう質問は、質問の種類が異なります。2つの種類の質問を分けながら、ペアの人へ質問しましょう。

(2) 社会の課題が1つ見つかっている場合

①社会の課題が、「ひっかかり」体験と「有機的」につながっているか確かめよう。

「有機的」とは、「ひっかかり」体験と見つけた社会の課題のつながりに飛躍がないことを意味しています。例えば、「友だちと喧嘩した→『コミュニケーション不足』という社会の課題である」としてしまうのは、飛躍がある（「有機的」ではない）と言えます。社会の課題が気もちからはじまり、気もちを取り巻く関係とつながっているか確認しましょう。

②見つけた社会の課題のつながりを、もう一段階掘り下げて考えてみよう。

「その課題がなぜ生じているのか、なぜ解決されないのか？」を問いかけてみましょう。「ひっかかり」体験と社会の課題のつながりが、どのようにすれば深くなり説得力が増すのかを一緒に考えてみましょう。

(3) 社会の課題が複数見つかっている場合

どの社会の課題が「ひっかかり」体験ともっとも有機的につながっているか考えてみよう。

複数の社会の課題が見つかっている場合、最終発表の「語り」に向けて、どの社会の課題が「ひっかかり」体験ともっとも有機的につながっているのか、発表者へアドバイスしてあげましょう。

ONE PHRASE ワンフレーズ

発表者へ質問をするときには、「なんで？」「どうして？」と問いかけるだけでは、質問された人はどのように答えればよいのか分からなくなってしまいます。

問いかけるときには、具体的に「他には、どんな気持ちがあったと思う？」「もしも自分がその立場なら、悲しい気もちよりも怒っていると思う。だって、あまりにも理不尽だから。これに対しては、どう思う？」のように質問してみましょう。

Question5-2　グループワークがうまくできず、45分では長い気がします。

受講生同士のグループワークがうまく機能しない場合は、グループワークの時間を短縮して、教員からアドバイスする時間を多くとっても構いません。
ただし、時間を短縮する場合であっても、一人ひとりの受講生が5分間で自分の「ひっかかり」体験とマッピングを発表する時間は確保してください。一度も発表しないままでいると、自分のどこが出来ていないのかを言葉にする機会をもてないからです。

Question5-3　グループワーク中、教員はどのようにしていればよいのでしょうか？

グループワークがうまく進んでいるかどうかを確認してください。ワークが進んでいないグループには、「どのようなところが難しくて進まないの？」とたずね、教員がつまずき部分へアドバイスをしてください。
教員のグループへの働きかけは、1つのデモンストレーションとなり、教員がグループから離れたあとも、受講生が教員のアドバイスを参考にしながらワークを続けることができます。

【3】 全体への発表と教員からのアドバイス

全体への発表の仕方については、p.34 を参照してください。

発表の進め方 ＊1人15分×2

時間配分	ワークの内容
5分	マッピングと「ひっかかり」体験の発表
10分	教員や他の受講生からのアドバイス

Question5-4　どの受講生に発表してもらうとよいですか？

この時点では、完璧なマッピングの発表は求めてはいません。そのため、マッピングが「広がっている受講生」と「広がっていない受講生」それぞれに発表してもらってください。
マッピングが広がっていない人に発表してもらい、クラス全体でアドバイスをすることは、「広がらない理由」を改めて考え、解説する機会となります。体験と社会の課題がつながらない場合、とりあげる体験を変更するタイミングにもつながります。

体験の言語化実践ガイドブック

Question5-5　発表に対して、どのようなコメントをすればよいのですか？

社会の課題までマッピングが広がっていることが大切である点を確認してください。次に、そのつながりを説明するための要因が複数あればよいことをコメントしてください。つながりが見られない場合は、導き出すようにコメントしてください。

【4】本日の授業のふりかえり

　第5回の段階では、想像力を広げて、できるだけたくさん社会の課題を見つけるのが目的であることを確認します。グループワークでは、クラスの仲間と一緒に取り組み、自分だけでは気づけない視点が得られた成果について肯定的にコメントします。また、誰かに社会の課題を見つけるためのアドバイスをする行為は、自分の体験を考えるヒントになっていると説明します。

第4回～第6回　代表受講生による全体への発表の際の板書の例
（体験から社会の課題を発見するマッピングの例として）

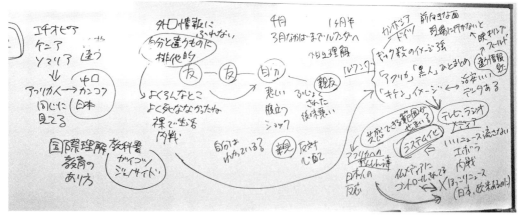

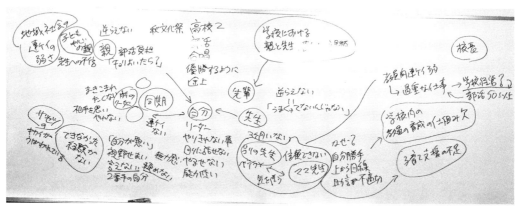

第6回

最終語りにむけて
「有機的なつながり」をつくる

はじめに

　第6回は、最終発表にむけて、最終語りのイメージを再確認します。そして、自分の体験と社会の課題が「有機的なつながり」をもつ最終語りに向けて準備をします。

学習者の到達目標

(1)「最終語り」のイメージを再確認する
(2) 発表する社会の課題を1つに絞り込む
(3) 体験と社会の課題を有機的な流れをもってつなげる

タイムテーブル

時間配分	タイムテーブル
10分	【1】授業の目的を説明
15分	【2】最終語りの説明
15分	【3】モデル学生②の「語り」を視聴
15分	【4】構想シートへの記入
30分	【5】全体への発表と教員からのアドバイス
5分	【6】課題説明

今日の授業で使用するもの

(1) 第2回ワークシート
(2) 第4回ワークシートA
(3) 第6回ワークシート「構想シート」
(4) 第6回ワークシート「整理シート」　　　*授業内で使用しなくてもよい

【1】授業の目的を説明

　ルーブリックに書かれている内容を再確認しながら、「体験と社会の課題を有機的につなげる」という今回の授業の目的を説明します。

【2】 最終語りの説明

　最終語りのテーマは、「体験をとおして見えてきた社会の課題、およびそれが見えてきた過程の思考プロセスを表現する」です。「語り」の時間は５分で、パワーポイント等の機材や小道具を一切使用しないで、言葉と身振り手振りのみで発表する「語り」という形式であることを説明します。

　次の２点が、「語り」という形式を取っている理由です。

　(1) パワーポイント等を用いると視覚情報に頼ってしまい、言葉を練ることがおろそかになり「自分の体験を言語化する」という目標に集中できなくなってしまいます。

ONE PHRASE ワンフレーズ

写真や動画ではなく、「自分の言葉」だけで伝えてみましょう。

---

　(2) パワーポイント等の資料があると語り手も聴き手も資料ばかりを見てしまい、「語る／きく」ことに意識を集中しにくくなってしまいます。資料を用いないで発表することで、語り手も聴き手も互いを注視しあい、「聴き手に理解できるように伝えよう」「語り手の伝えたいことをきちんときこう」とする意識が高まります。

ONE PHRASE ワンフレーズ

**　資料を「読む」のではなく、聴き手に「伝える」こと、語り手の発表を「きちんときく」ことを意識しましょう。**

　語りの採点基準は、ルーブリックの観点と同じです。次の５つの点を意識しながら語ることを受講生に説明します。

(1)	自分および相手の気もちを想像できているか。
(2)	自分および相手の気もちを「自分の言葉」で語れているか。
(3)	体験からつながる社会の課題を発見できているか。
(4)	体験からつながる社会の課題を「自分の言葉」で語れているか。
(5)	総合的インパクト：共感や感動があったか。論旨が明快だったか。身体表現（声、話し方、表情、姿勢、ジェスチャー等）など。

各５点で計25点満点

体験の言語化実践ガイドブック

Question6-1　総合的インパクトの配点が低いのはなぜですか？

学生は、「声が大きくてわかりやすかった」「原稿を見ずに聴衆とアイコンタクトをとっていてよかった」など、技術面に注目してしまいがちです。しかし、この授業では、語りの技術やパフォーマンスよりも、使っている言葉やフレーズ（自分の言葉かどうか）、論理の展開（体験と社会の課題がつながっているか）のほうが重要です。そのため受講生には、声の大きさや抑揚といったパフォーマンスにとらわれずに（1）～（4）を評価し、パフォーマンスや技術は（5）のみで評価するよう、注意をうながしてください。

【3】モデル学生②の語りを視聴

　モデル学生（過去の受講生）による語りを視聴し、語りのイメージをつかんでもらいます。
　受講生の多くがモデル映像のように発表するのが「正解」だと勘違いしてしまい、モデル映像の発表を真似てしまう人がいます。モデル映像を1つの参考にするのはもちろん大切ですが、「正解」ではないことを伝えてください。

　モデル学生の「語り」映像（5分）は、早稲田大学平山郁夫記念ボランティアセンターのWEBサイトの科目「体験の言語化」のページから視聴できます。

> 体験の言語化　モデル学生　[検索]

ONE PHRASE　ワンフレーズ

　モデル映像は1つの参考です。これと同じように発表するためではなく、自分の気もちの表現方法や社会の課題の示し方の参考として見てください。

【モデル学生②の発表原稿】

　みなさん、こんな経験はありませんか。自分自身では、「場」、すなわち、会議であったり、友人の集まりであったりに対して働きかけた「つもり」で、実は働きかけていなかったこと。今日は、私自身がその存在に気づいていなかった私の中の「つもり」によって、長いあいだ私にひっかかりを感じさせることとなった体験、そしてそこから発見した社会の課題についてお話したいと思います。

第6回　最終語りにむけて「有機的なつながり」をつくる

私が所属している演劇サークルのある公演の打ち上げの席でのことです。当時２年生だった私は、後輩の一年生が役者として初めて出演した舞台のスタッフとして関わっていました。楽しいはずの打ち上げの席で、３年生以上の先輩たちが、私の目の前で一人の一年生にダメ出しを始めました。「あのシーンさ…まじでヤバかったよな」「ほんとなんなのあれ」など、それは後輩のための指導というよりは、後輩を笑いものにしてその場を盛り上げているような状況でした。そして、先輩が突然、「お前はどう思った？」と、私にダメだしを求めてきたのです。私は、先輩たちはおかしい、私はこんなふうに後輩を笑いものなんかにしないぞ！という気もちで、適当に言葉を濁しました。すると先輩は私に一言、「お前何のために演劇やってんだよ」と言いました。私は、その言葉があまりにも衝撃的で、返す言葉がありませんでした。

　私は、自分の全てを否定されたような、悲しさ、憤りで涙がでそうでした。同時に、何とも言えないもやもや感、ひっかかりを感じました。

　しかし、一年間が過ぎた今、当時の先輩や後輩の視点から見ると、私は自分の思いを主張した「つもり」だっただけなのだと気づきました。また、先輩も、後輩を思ってやっている「つもり」だったのかもしれません。先輩から見れば、私は後輩のために指導をすることもできない、演劇やサークルに対する情熱・責任感に欠けた人物だったでしょう。後輩は、はっきりと答えない私を見て、「自分はそんなにだめだったのか」と余計傷ついたかもしれません。私は、サークルの一員として今後も過ごしていくために、先輩にはっきりと物申すことができませんでした。だから、「つもり」に逃げていたのです。

　私が、この体験を通じて見つけたことは、既に存在する社会問題と、私たちの中の「つもり」がもつ負のスパイラルです。私の体験においては、組織における権力の絶対性「後輩は理不尽なことであっても先輩に従う」という問題がありました。しかし、私は組織の一員としての保身のために、実際は何の主張もしていないのに心の中で反対した「つもり」、「場」に対して働きかけた「つもり」で対処していたのです。「つもり」は、現実を変える事ができません。それにより問題はさらに加速し、どんどん「つもり」が増えてゆく…という悪循環、これが、私が見つけた社会の課題です。

　場への働きかけに関しては、いじめの問題についても共通点があります。いじめの傍観者の出現率は、小学校５年生では２５％であるのに対し、中学３年生では６０％と、倍増しています。学年が上がり、学校内のコミュニティという一つの社会の一員としての自我が芽生えていくに従って、問題に対し現実的にアクションを起こす割合が減っているということになります。

体験の言語化実践ガイドブック

私たちも、大学では主張・行動できても、社会人になったらやった「つもり」で諦めざるをえないという「場」に直面することがあるかもしれません。組織、社会への帰属度が大きいほど、おかしいと感じた問題に対する「つもり」対処は増えてしまう可能性があるためです。

　　しかし、現実に変化をもたらし、問題を解決するためには、負のスパイラルを断ち切らなければなりません。みなさんは、どうですか？「つもり」で対処してしまっている問題はありませんか？私は、これからも自分の中の「つもり」と向き合っていきたいと思います。

　　ご清聴ありがとうございました。

　モデル映像を解説するときは、「体験と社会の課題の有機的なつながり」や「自分の言葉」について詳しく解説します。

教員による「モデル学生②の発表」への解説例

ポイント１：「自分と相手の気もちを想像し、自分の言葉で語れているか」

自分の気もちについてはまず、後輩を上手に指導しない自分の態度を先輩に指摘されて衝撃を受け、自分を否定されたように感じ、悲しさ、憤りという気もちになったと説明しています。また、言葉にできないもやもや感、ひっかかりも同時に抱いたと説明しており、一場面における自分の気持ちを多層的に表現できているといえます。一方で、相手である先輩の気もちに関しては、後輩を指導できない自分を見て「情熱・責任感に欠けた人物」と先輩が思ったのではないかと想像できていますが、「怒り」「失望」などの具体的な気もちの言葉にはなっていないといえます。

ポイント２：「体験と社会の課題が有機的につながっているか」

体験と社会の課題の有機的なつながりという点については、この学生はまず、演劇サークルでの先輩に対してはっきりと主張しなかった自分がその場では、「何か主張したつもりになっていた」ことに気づきます。そして、そこには先輩から後輩への権力が存在していたことに気づきます。また、先輩に何か言ったつもりになっていただけの自分は、その場ですでに存在していた「組織における権力の絶対性（後輩は理不尽なことであっても先輩に従う）」という権力関係、つまりは自分が先輩に言えなくされている力をかえって強化する、という社会の課題を見つけました。さらには、その課題を「どんどん『つもり』が増えてゆく…という悪循環」という「つもりのもつ負のスパイラル」という自分の言葉で表現しています。そのプロセスが体験と社会の課題との有機的なつながりであり、そのつながりのストーリーにオリジナリティがあるという意味で、彼女は「体験からつながる社会の課題を自分の言葉で語れている」と言えます。

第6回　最終語りにむけて「有機的なつながり」をつくる

【4】 構想シートの記入

　構想シートを用いて、具体的な語りの言葉を練っていきます。この段階になると、受講生間の進度にバラつきが大きくなります。全ての受講生が社会の課題を1つに絞るように指示することを意識しつつも、まだ社会の課題の発見やそのつながりに苦労している受講生へのフォローもおこないます。

　構想シートは、「語り」をおこなうときのスクリプト（台本）として細かいセリフを書くのではなく、語りの流れとなるプロット（構想）として書くように伝えます。

構想シートの記入事例（アルバイトA君の事例）

分	内容の構想	語りのメモ
1分	店長にバイトの延長を頼まれた経緯	人手が足りないと言われた。
1分30秒	頼まれたときの気もち	ほめられて嬉しかった。課題もやらなくちゃならなくて、断りたくて仕方なかった。でも、これからのバイトのことやお金を考えると、やらなくちゃならないので、困ってしまった。
1分30秒	自分と店長の立場	地方出身でお金に困っている自分。一方で店長も、唯一の正社員でお店を回す必要があって、無理無理お願いしているのかもしれない。
1分	社会の課題とまとめ	「ワンオペ社員と地方学生のアルバイトによる二重の搾取」という社会の課題

【5】 全体への発表と教員からのアドバイス

　受講生に自らの体験とマッピングを発表してもらいます。発表に対して、教員だけではなく他の受講生も広げ方に関してアドバイスをしましょう。発表するときには、教員が黒板などを使って目の前でマッピングをします。そうすることで、教員や他の受講生からのコメントを書き足せ、自分一人では気づけなかった「ひっかかり」体験からつながる社会の課題を発見できます。

　見つけた社会の課題に普遍性を持たせたい場合は、外部からのデータ（数値、文献、引用）によって客観性を補強できると助言します。

ONE PHRASE ワンフレーズ

　ここに **XXX** に関する数値データが入ると説得力が増すね。

学生が見つけた社会の課題は本人の体験のみではなく、他にも類似の事例があることを示したり、他の人も同様な思考や行動をしていることを数値データ・文献・引用などにより示すことで社会の課題としての説得力が増します。

　しかし、データ等の客観性ばかりを「語り」に盛り込んでしまうと、自らの「ひっかかり」体験での気もちから離れてしまう危険性があります。データ等は社会の課題に説得力をもたせるための材料であり、「語り」の中心とはならないように受講生に伝えてください。

Question6-2　まだ出来ていない学生がいるのですが、どうすればよいのですか。

この段階で完成する必要はないので、未完成のままで語れる部分まで語るように指示してください。コメントするときに、未完成の部分をどのようにすれば詰めることができるのかについてアドバイスしてください。

Question6-3　どのようにコメントすればよいですか？

現時点で出来ている部分を採点基準に沿って肯定的にコメントしてください。次回までに固めるべき部分に関しては、該当する回を指摘して、その部分に立ち戻るように指示をします。

【6】課題説明

　構想シートを完成させ、「語り」の構成をするように課題を出します。これまでの内容を整理したい人は、「整理シート」を用いても構いません。

第6回　最終語りにむけて「有機的なつながり」をつくる

第7・8回

受講生による「語り」と
ディスカッション

はじめに

　第7・8回は、受講生が授業の成果を発表する「語り」の回となります。受講生が、「語り」に対する他のクラスメイトからの批判的なコメントをつうじて、多様な体験と社会の課題とのつながりに気づき、学びへの意欲を高めることを目指します。

学習者の到達目標

　(1)　「語り」の形式で、これまでの成果を発表する

　(2)　他者の「語り」をきいて、体験と社会の課題とのつながりに関する多様な思考過程を知る

　(3)　相手のためとなる建設的な批判コメントができるようになる

タイムテーブル

時間配分	タイムテーブル
5分	【1】「語り」の評価項目の確認
70分	【2】「語り」の発表と評価、コメント
10分	【3】教員よりまとめコメント
5分	【4】ルーブリックの記入（第8回目のみ）

今日の授業で使用するもの

　(1)　コメントに関するグランドルール

　(2)　最終発表評価シート

　(3)　ルーブリック

【1】「語り」の評価項目の確認

　発表を評価するときに意識してほしい点は、「『自分の言葉』で語れているか」や「体験と社会課題が有機的につながっているか」だと伝えます。「語り」の評価は教員のみならず、受講生もおこないます。相互に評価される方法を確認し、緊張感を持って挑む雰囲気を作りましょう。

ONE PHRASE　ワンフレーズ

　互いに語りを評価します。自分が語るときはもちろん、人の語りをきくときも緊張感をもちましょう。

【2】「語り」の発表と評価、コメント

　受講生の発表後に1〜2人の受講生からコメントを求めます。発表前にコメントをする受講生を指名しておいても構いません。

　語りに対してコメントをする前に必ず「グランドルール」を確認し、ただ批判するだけのコメントではなく、よりよい語りにつながるコメントを試みるように伝えます。

共有事項　コメントに関するグランドルール

（1）他者の体験や語りを「ありふれている」「そういうことをしなければよかったのに」などと否定しない。
（2）「もっと声を大きくしたほうがよいと思った。以上です。」のように、パフォーマンスだけをコメントしない。
（3）「気持ちの部分はよく語れていたと思います。ただ、社会の課題と気持ちのつながりのXXXの部分に飛躍があったと思いました。その部分をYYYのようにすれば、もっとよい語りになると思いました。」のように、改善点を指摘し、次につながる具体的で建設的なコメントをしましょう。

Question7-1　受講生も「語り」の評価をするべきですか？

　他の受講生の「語り」を聞いて評価することで、受講生は「この体験からこんな社会の課題が見えてくるんだ！」といった多様な思考過程を学ぶことになります。また他者の思考過程に触れることで、「自分にはない考え方、自分が知らない考え方に出会うことで自分はもっと学ぶ必要がある」という「学びの意欲」が生まれるきっかけとなります。そのため、可能であるならば、積極的に評価に参加してもらいましょう。

語りの評価方法として、以下を参考にしてください。
　　（1）教員のみによる評価　　（25点満点を4倍し、100点換算）
　　（2）教員と受講生による評価（教員25点＋受講生25点（平均）を2倍し、100点換算）

体験の言語化実践ガイドブック

Question7-2　発表が5分のもち時間を超過してしまったらどうすればよいのですか？

5分を超過した場合でも、途中で止める必要はありません。しかし公平に「語り」を評価するために、評価平均点を算出後に1分につき1点減点するなどの工夫をおこないましょう。

Question7-3　どのようにコメントすればよいですか？

コメントするときにはまず、採点項目に従ってコメントします。そのとき、よかった点と改善点のそれぞれに対してコメントしてください。よかった点は高得点をつけた部分であり、低い評価をした部分が改善点となります。

教員はまた、「『自分の言葉』で語る力」に関してもコメントするように心がけてください。そのとき、語りの中で『自分の中で一度咀嚼した表現』『自分だけの感性の言葉』『凝縮された端的な表現』になっていた部分はどこであったかについてコメントしましょう」と伝えてください。

教員は発表者の「語り」に対してだけではなく、発表者にコメントをした受講生にもどのような部分がコメントとしてよかったかを伝えてください。

Question7-4　受講生の発表が「間違った理解・解釈」にもとづいた内容になっていた場合、どうしたらいいですか？

この授業では、発表に対して「正しい／間違っている」という価値判断はしないことを基本にしています。受講生の自由な発想、その人ならでは独創的な発想を尊重したいと考えています。教員または受講生が「間違っている」と感じたとしても、それもまたその人の個人的な価値判断であり、それが絶対に正しいとは限りません。世界に目を向ければ、発表学生が正しいと判断する価値観があるかもしれませんし、年月が流れればそれが正しいと考えるほうが主流になるかもしれません。

ただし、異なる視点を提供することは、発表学生にとって有益です。学生の発想をはじめから否定するのではなく、「あなたはそう考えたんですね。でも…という考え方もできるんじゃないかな？」と、学生の発想を尊重しつつ、異なる考え方を示すとよいでしょう。

「他の受講生が間違った情報を受け取って、間違った理解をしてしまわないか？」と心配になるかもしれません。しかし、「相手の言ったこと（情報）を鵜呑みにせずに、批判的建設的な意見を言えるようになる」ことがこの授業の目的です。教員は疑問を感じた学生がいれば、それを発言できる場をつくるように、心がけてください。

第7・8回　受講生による「語り」とディスカッション

【3】 教員よりまとめコメント

　最後のまとめとしてコメントをします。受講生が授業に参加した達成感を感じられるように、ルーブリックの項目を参照しつつ、これまでの実践をつうじて一人ひとりがつけた力を評価し、その成果をほめます。

【4】 ルーブリックの記入

　第1回に記入したルーブリックを再度記入してもらいます。改めて自己評価することで、授業を受ける前に比べて、どれくらい自分の力が伸びたかを客観的に把握します。

配布物資料編

【第 1 回】

■ルーブリック

科目「体験の言語化」 自己評価ルーブリック　　　　　　学部　　年　氏名

	観点	レベル1	レベル2	レベル3	レベル4
1	自分および相手の気もちを想像できるか	・ひっかかりは感じるが、それがどのような気もちか表現できない	・そのときの自分および接した相手の気もちが一つは想像できるが、多面的・多層的ではない	・そのときの自分の気もちが多面的・多層的に想像できる ・しかし、相手の気もちは一つしか想像できない	・そのときの自分および接した相手の気もちが多面的・多層的に想像できる
2	自分および相手の気もちを「自分の言葉」で語れるか	・表面的で借り物の一般的な言葉でしか表現できていない ・漠然とした表現しかできていない	・「自分の中で一度咀嚼した表現」「自分だけの感性の言葉」で表現できる ・しかし、公の他者が理解可能な表現になっていない	・「自分の中で一度咀嚼した表現」「自分だけの感性の言葉」で表現できる ・公の他者が理解可能な表現ができる ・しかし、凝縮された端的な表現になっていない	・公の他者が理解可能な表現ができる ・「自分の中で一度咀嚼した表現」「自分だけの感性の言葉」で表現できる。 ・凝縮された端的な表現になっている
3	体験からつながる社会の課題を発見できるか	・何のことを言っているのかわからない ・体験から社会の課題が見いだせていない	・体験から社会の課題が発見できている ・しかし、まだ漠然としている ・また、論理が大きく飛躍してつながっていない	・体験から社会の課題が発見できている ・しかし、体験と社会の課題のつながりが断片的である。	・体験から社会の課題が発見できている ・体験と社会の課題のつながりが、有機的な流れをもっている
4	体験からつながる社会の課題を「自分の言葉」で語れるか	・表面的で借り物の一般的な言葉でしか表現できていない ・漠然とした表現しかできていない	・「自分の中で一度咀嚼した表現」「自分だけの感性の言葉」で表現できる ・しかし、公の他者が理解可能な表現になっていない	・公の他者が理解可能な表現ができる ・「自分の中で一度咀嚼した表現」「自分だけの感性の言葉」で表現できる ・しかし、凝縮された端的な表現になっていない ・体験と社会の課題とのつながりを語る際に、自分なりの発想が十分に表れていない	・公の他者が理解可能な表現ができる ・「自分の中で一度咀嚼した表現」「自分だけの感性の言葉」で表現できる ・凝縮された端的な表現になっている ・体験と社会の課題とのつながりを、自分なりの発想で語れる
5	体験が学びの意欲へつながっているか	・体験を経て「知りたいこと」がない ・体験を経て「知りたいこと」がわからない	・体験を経て「知りたいこと」が漠然とある ・しかし、何をしたらいいかわからない	・体験を経て「知りたいこと」がある ・それに対して何をするべきかわかっている ・しかし、何もしていない	・体験を経て「知りたいこと」がある ・それに対して何をするべきかわかっている ・資料（文献・WEB など）を調べ始めている

科目「体験の言語化」で身につけたい3つの力 （教育目標）	①体験を「自分の言葉」で語る力 ②体験から社会の課題を発見する力 ③体験を学びの意欲へつなげる力

配布物資料編
— 55 —

■シラバス

「体験の言語化－世界と自分」授業シラバス

担当教員

●授業概要

本科目では、あなたの体験を立ち止まってふりかえり（リフレクション、内省的考察）、それを分析して社会の課題とつなげます。さらに、「語り」という形で言語化することによって、今後の大学生活の充実につなげていきます。

履修対象は、ボランティア、インターン、アルバイト、サークルなど、何かしらの社会での体験をしてきた学生です。1日のゴミ拾い、3日間の企業でのインターン、1か月に渡る家庭教師のアルバイト、2年間つづけたサークルなど、期間や内容は問いません。

その活動の中で、悲しかったり、怒ったり、辛かったり、もやもやしたりしたことはありませんでしたか？

体験を通じて考えたことを、あなたは言葉にして表現できますか？

授業では、こうした「ひっかかり」を感じた場面に着目します。教員の指導の下で「なぜ、あなたはそう感じたのですか？」「なぜ、その人はそう言ったのですか？」といった問いかけを繰り返し、その体験と社会の課題とのつながりを考えます。

今は、自分の体験が社会の課題につながっているとは感じられないかもしれません。しかし実はあなたの体験は、政治・文化・国際関係・環境・教育・貧困・ジェンダーなど、さまざまな課題につながっている可能性が高いのです。

このような「自分自身と社会の課題とのつながり」に気づくことは、あなたが世界とのつながりを感じる機会となります。さらには、学部で専門科目を学ぶときの問題意識やモチベーションにつながっていくことでしょう。

授業は、少人数による参加型で進めます。考察の過程にグループディスカッションを取り入れ、自分の考えたことを他の履修生にぶつけて議論しながらさらに深めます。そして最終的には、5分間の「語り」にして発表します。

この過程で養われる「自分の思考を言語化し、他者に伝える力」（コミュニケーション力）は、大学生活はもちろん、卒業後の社会生活の中でも役に立つことでしょう。

●到達目標

本講義では、以下の3つの力を身につけることを目指します。

①体験を「自分の言葉」で語る力

②体験から社会の課題を発見する力

③体験を学びの意欲へつなげる力

●成績評価方法
　①出席点　　　　　　　　32点（4点×8回）
　②最終「語り」　　　　　68点（教員25点＋受講生平均25点×1.36）
　　　　　　　　　　　　　　　　　　　　　　　合計100点

●授業計画

第1回	月　日	参加型・対話型授業の心がまえと目標設定
第2回	月　日	個人の内面のふりかえり① 「体験を思い出し、自分の気もちをふりかえる」
第3回	月　日	個人の内面のふりかえり② 「相手の事情と気もちを想像する」
第4回	月　日	社会の課題を発見するふりかえり① 「体験からつながる社会の課題を発見する」
第5回	月　日	社会の課題を発見するふりかえり② 「多面的な視点から発見する」
第6回	月　日	最終語りにむけて「有機的なつながり」をつくる
第7回	月　日	受講生による「語り」とディスカッション
第8回	月　日	受講生による「語り」とディスカッション

●最終発表の評価項目
　【1】自分および相手の気もちを想像できているか
　【2】自分および相手の気もちを「自分の言葉」で語れているか
　【3】体験からつながる社会の課題を発見できているか
　【4】体験からつながる社会の課題を「自分の言葉」で語れているか
　【5】総合的インパクト：共感、感動があったか。論旨が明快だったか。身体表現（声、話し方、表情、姿勢、ジェスチャー等）など

●参加型・対話型授業の心がまえ
　（1）自分から積極的に発言し、行動するように心がけよう
　（2）誰かの体験や意見は誠実に真摯にきくことを心がけよう
　（3）人の体験やそのときの気もちを否定したり、人格を傷つけるような発言はしないようにしよう
　（4）相手がよりよくなるように、相手のためを思って、「愛のある批判的・建設的コメント」をしよう

—— 【第2回】

■第2回ワークシート

「あなたの体験とそのときの気もちを思い出そう」

【氏名】　＿＿＿＿＿＿＿＿＿＿＿＿＿＿＿

あなたの心にひっかかっている場面とその時の気もちを思い出してみましょう

---

(1) それはいつですか？

(2) それはどこですか？

(3) それはどういう出来事でしたか？

（4）そのときのあなたはどういう気もちでしたか？

（5）そのときの「相手」はどういう気もちだったと思いますか？

【第4回】

■第4回ワークシートA

「あなたの体験から社会の課題を見つけよう」

学部学年＿＿＿＿＿＿　氏名＿＿＿＿＿＿＿＿＿＿＿＿＿＿＿＿＿

・第2回ワークシートをもとに、「心にひっかかりを感じた場面」に関して、人や組織を書き出してマッピングしてみよう。

■第4回ワークシートB

① 「あなたの心にひっかかった体験」における、相手の言葉や行為を引き起こした事情・背景から考える。
　＊その人は、どうして「その言葉を言ったのか」「そういう行為をしたのか」

　　　　　　　　　　読み解く方法

「その人をめぐる個人的な要因」を発想する
● その人が…な性格だから
● その人がそれを好きだから／嫌いだから

「その人をめぐる関係性」へ注目する
● その人と自分は…な関係だから
● その人と家族が…な関係だから
● その人が暮らす集団では、その人は…な位置づけだから

「そこにある社会的な要因」という視点を持ってみる
● どういう社会がそれを言わせているのだろうか
● どういう社会がそれをさせているのか

② 「あなたの心にひっかかった体験」における、自分の言葉や行為、感情を引き起こした事情・背景を考える。
　＊私は、どうして「その言葉を言ったのか」「そういう行為をしたのか」「そういう気もちになったのか」

　　　　　　　　　　読み解く方法

「その人をめぐる個人的な要因」を発想する
● 自分が…な性格だから
● 自分が…を好きだから／嫌いだから

「その人をめぐる関係性」へ注目する
● 自分と相手は…な関係だから
● 自分とあの人が…な関係だから
● 自分が暮らす集団では、自分は…な位置づけだから

「そこにある社会的な要因」という視点を持ってみる
● どういう社会がそれを言わせているのだろうか
● どういう社会がそれをさせているのか

私は、これまで or これ以降、同じような体験をしていないか

そこから体験をつうじて見えてきた「社会の課題」とは？

───【第6回】

■第6回「語り」構想シート

氏名＿＿＿＿＿＿＿＿＿＿＿＿＿＿＿＿＿

分	内容の構想	語りのメモ

体験の言語化実践ガイドブック

■第6回整理シート

氏名＿＿＿＿＿＿＿＿＿＿＿＿＿＿＿＿＿＿＿＿＿

1. あなたの体験の中で心にひっかかった場面、出来事、言葉はどんなものでしたか？

2. そのときにあなたはどんな気もちでしたか？なぜ、そう感じたと思いますか？

3. 相手はどんな気もちだったと思いますか？なぜ、そう感じたと思いますか？

4. あなたの体験から社会の課題を発見した過程を、有機的なつながりをもつように書き出して
みよう。

5. そこからあなたが見つけた社会の課題は何ですか？

配布物資料編

───── **【第7・8回】**

■第7・8回最終発表評価シート

各5点、25点満点

順番	氏名	学年	評価項目1	評価項目2	評価項目3	評価項目4	評価項目5	合計
1								
2								
3								
4								
5								
6								
7								
8								

最終発表の評価項目

【1】 自分および相手の気もちを想像できているか

【2】 自分および相手の気もちを「自分の言葉」で語れているか

【3】 体験からつながる社会の課題を発見できているか

【4】 体験からつながる社会の課題を「自分の言葉」で語れているか

【5】 総合的インパクト：共感、感動があったか。論旨が明快だったか。身体表現（声、話し方、表情、姿勢、ジェスチャー等）など

90分バージョン

個人の内面をふりかえり
社会の課題を発見する

はじめに

　この90分1回の授業は、大学生だけでなく、高校生も取り組める内容となっています。その方法は「自分の体験の中で心にひっかかった一場面を切り取って、そのときの気もちを表現し、そこから社会の課題を見つける」であり、8回のときと同じです。ただし、90分の時間では、「こんな社会の課題があるかもしれない」と気づくレベルを到達点とします。8回授業のように、具体的な課題を発見し、言葉を与えることを目標とはしません。体験したときの気もちと社会の課題がつながっている可能性に気づける地点を目指します。たとえ言葉にならなくても、体験したことが自分だけの問題ではないと感じることができれば、その後に「社会のあり方を考える」という次のステップにつながるからです。そこで、この授業では、まずは丁寧に自分の言葉で気もちを表現する実践を大切にします。そして、言語化が苦手な参加者の意欲を高めるために、授業の最初に「なぜ体験から学ぶために気もちから始めるのが重要なのか」について説明します。

高校生へおこなうときの留意点

　高校生に対してこの実践をおこなう際には、いくつかの留意点があります。高校生は大学生と違って、自分の体験を話す場が高校の教室であり、一緒に参加する相手がクラスメイトや友人であることが想定されます。授業の後にも、高校生たちはお互いにクラスメイトとしての関係が続きます。そういった中で、自分のプライベートな事柄をみんなの前で話したり、家族の事情についての情報を開示するのは、「参加者は教室外ではきいたことを他言しない」というグランドルールがあっても、体験を話した生徒にとっては、その後にいじめ等よくない結果をもたらすかもしれません。また、SNSなどでは個人の属性などの情報が悪意をもってかってに一人歩きする可能性もあります。そのことを考慮した場合、高校生がこの90分の体験の言語化を実践する際に「取り上げる体験の一場面」については、「どんな体験でもよい」という形ではなく、フィールドワークで出会った人との間で起きた出来事や、海外研修やボランティアで活動したときの場面など体験を限定した上でおこなうのが安全です。高校生たちがなんらかの体験型学習をおこなったあとに、「体験と学びをつなげる方法」としてここで解説する90分バージョンを用いるのが有効です。

学習者の到達目標

　(1) 体験の中で感じた気もちを、「自分の言葉」で表現する
　(2) 体験と社会の課題がつながる可能性に気づく

―― タイムテーブル

時間配分	タイムテーブル
10分	【1】「君の『気もち』が大事な一歩！」の解説
10分	【2】ワークシート（1〜3）記入
10分	【3】気もちをふりかえるデモンストレーション
20分	【4】気もちをふりかえるためのペアワーク
10分	【5】ペアワークをふりかえり、気もちの多層性に気づく
15分	【6】社会の課題を見つけるデモンストレーション
15分	【7】本日のまとめ

【0】授業を始める前に：「体験学習」と「調べ学習」の違いを理解する

　「留学」や「ボランティア」などの体験をふりかえる時に、体験した内容に関係する情報を書籍やインターネットをつうじて集めた発表をすることは、情報を整理し、まとめるという点では優れています。しかし、そのような発表では、「フィールドで実際に体験したからこそ学べたこと」が十分に生かされません。客観的な情報やデータだけでは、起きている出来事が誰かの問題となってしまい、その体験をした「自分の問題」にはならないからです。そこで、「体験をしたからこその学びや発表」とするために、まずはそのときの自分の気もちを起点として体験をふりかえることを伝えます。

　下記の【例】は、情報集め・整理を中心とした「調べ学習」と「気もち」を糸口とした「体験学習」の違いを示したものです。授業を行う前に一読し、「なぜ、気もちを考えることが重要なのか」についての理解を深めてください。

　必要に応じて、【1】で受講生に解説する際の事例として活用してもよいでしょう。

【例】

　A君とB君は高校の海外ボランティア活動に参加し、タイ・バンコクへ行きました。2人は、バンコク郊外にあるHIV/AIDSに感染しているために親に捨てられた孤児たちが暮らす保護施設に行きました。

　保護施設についた2人は、HIV/AIDSが原因で家族や村人から差別を受けてきた1人の少年の話をききました。どのような差別を受けてきたのか、どんな風に悲しい思いをしたのか、施設での暮らしはどうなのか。A君とB君は孤児の少年の話を一生懸命にききました。

体験の言語化実践ガイドブック

タイから帰国したA君とB君は、学校の課題としてタイでの体験をまとめて、発表することになりました。

【A君の場合】

A君はHIV/AIDSを抱えた人が暮らす保護施設に行ったときの経験をまとめることにしました。A君は、インターネットをつうじて、日本とタイにどのくらいのHIV/AIDS患者がいるのかを調べました。また、書籍をつうじて、日本のHIV/AIDS患者もタイの人のように差別を受けている事実を知りました。インターネットや書籍をつうじて、タイと日本のHIV/AIDS患者の違いを知ったA君は、どのようにすれば差別問題を解決できるかを考え、日本での取り組みをタイへ導入する案を発表しました。

タイは約110万人、日本は約24,561人AIDS患者がいる。
（出典：UNAIDS,2006）
（出典：厚生労働省 2014）

日本のAIDS患者も多くの差別を受けている。（出典：新ヶ江2013）
日本は治療・社会保障があって、タイの人より生きやすいと思う。

日本の取り組みをタイに導入することでタイのAIDS患者の状況は変わると提案しよう！

【B君の場合】

B君もHIV/AIDSを抱えた人が暮らす保護施設に行ったときの経験をまとめることにしました。B君は少年から話を聞いたとき、HIV/AIDS患者が受けている差別に驚きました。また、少年が言った「死ぬくらいの寂しさ」という言葉が一番心に残ったことも思い出しました。

帰国後、なぜ「寂しさ」という言葉が心に残ったのかを考えてみたB君は、自分にも以前、人に無視されたつらい経験があったことを思い出しました。B君はタイでHIV/AIDSは、きちんとした治療や対処をすれば昔ほど怖い病気ではないとききました。そして、それならば「無視される／してしまう行為」のほうが問題かもしれないと思いました。その後、B君は、「HIV/AIDSに限らず、病気を抱えている人とそうではない人の間にコミュニケーションが十分取れない現状が、新しく考えるべき課題ではないか」と発表しました。

90分バージョン　個人の内面をふりかえり社会の課題を発見する

| 村人から差別されている少年の『死ぬくらいの寂しさ』その言葉が心に残った。 | 自分にも無視されて辛い経験があったから、少年の言葉が心に残ったんだ！HIV/AIDSよりも人の態度が問題かも!? | 病気よりも、人が人を苦しくさせているのではないかと思う。そこには、「病気な人と健康な人とのコミュニケーションのなさという社会の課題」があるかもしれない |

【A君とB君の違い】

　A君とB君の2人は、タイでHIV/AIDSとともに生きる人が暮らす施設での体験をもとに、帰国後の課題発表をしました。

　A君の発表では、患者数や社会制度といった客観的なデータやすでに発表されている研究を多く引用しています。そのため、発表としては大学生が授業で行うような発表と遜色ありません。しかし、タイで実際に見ききしたり感じた「体験」からの学びが抜け落ちてしまっており、タイに行かなくてもインターネットや書籍でも調べられる発表になっています。

　一方で、B君の発表では、実際に自分がタイで見ききし感じた「体験」から発表内容を構成しています。そのため、A君の発表のようにHIV/AIDS感染の広がりという分かりやすい社会の課題は掘り下げられてはいません。しかし、体験をつうじて「病気を抱えている人とそうではない人の間にコミュニケーションが十分取れていない」という独創的な社会の課題を見つけています。また、自ら感じたひっかかりから社会の課題を導き出しているため、見つけ出した課題には、B君自身とのつながりがあり、その課題が、自分の問題になっています。

【1】「君の『気もち』が大事な一歩！」の解説

　留学やインターンシップ、ボランティア活動のふりかえりでは、書籍などで得られる情報をまとめるだけが重要ではないと伝えます。

　自分の気もちをふりかえり、それを言葉にすることで、学びへとつながる可能性があることを説明します。

　教員が具体的な事例を用意するのが難しい場合は、【0】のA君とB君の事例を用いて解説してもよいでしょう。

【2】 ワークシート（1〜3）記入

　「インターンシップ」、「アメリカ留学」、「被災地ボランティア」のように体験を1つの大きな出来事ととらえてしまうと、個々人が体験の中で感じた憤りや悲しさなどの気もちを思い出しにくくなります。

　体験をひとまとまりの大きな出来事ととらえるのではなく、体験の中から自らの感情が最も揺れ動いた「1つの場面」を思い出し、その場面を切り取るように伝えます。

　一場面を切り取る際、「1つの場面を切り出すように」といった指示では、受講生はどのようにすればそのような場面を思い出せるのかが理解できません。「いつ」「どこで」、そして、そこに「誰がいたのか」等を具体的に思い出してもらうことで、場面を焦点化できます。

　【インストラクション例】
　教　　員：「海外研修にはいつ行ったのかな？」
　受講生：「8月17日〜8月28日の間です」

　教　　員：「どこに行ったの？」
　受講生：「タイに行って、バンコクとアユタヤを周りました」

　教　　員：「一番印象に残っている場所はどこ？」
　受講生：「タイの孤児院かな」

　教　　員：「孤児院に行ったのは、17日〜28日のいつ？」
　受講生：「8月25日です」

　教　　員：「タイの孤児院では、誰に会ったの？」
　受講生：「孤児で、HIVの少年に」

　教　　員：「そこで男の子に会って、何をしたの？」
　受講生：「親に捨てられた話をききました」

教　員：「そこでの話や少年との出会いが、印象に残っているんですね」

　ひとまとまりの大きな体験から１つの場面に注目し、切り取った場面において印象に残った言葉を思い出してもらいます。

　他者の言葉を思い出すことで、受講生は自分が切り取った場面を映像としてイメージすることができます。

　他者の言葉を思い起こすワークの中では、以下のようにつまずく受講生がいます。このようなつまずきをしている学生は切り取る場面が適切ではない可能性が高いため、改めて切り取る場面を再考するようにうながします。

　①発言の詳細が思い出せない
　　【例】一言一句正確に思い出す必要はありませんが、「なんか辛そうな話をしていた」のように不鮮明な場合。
　②自分がきいた言葉ではなく、第３者からきいた情報
　　【例】「友だちから困っている人がいるという話をきいた」

　気もちのふりかえりでは、１つの出来事に対して気もちは必ずしも１つではなく、様々な気持ちが混在していたことに気づくのが重要です。

　受講生がワークシートのイラストの吹き出しに言葉を書き込む際、教員は「怒っているイラスト」や「泣いているイラスト」のようにイラストの感情を説明しないようにします。教員が説明してしまうと、受講生は教員の説明通りの感情しか表現できなくなってしまうためです。「泣いているイラスト」なのか「困っているイラスト」なのかなど、イラストの感情の解釈は受講生に委ねます。

ONE PHRASE　ワンフレーズ

　思い出した場面の気もちに合うイラストを見つけて、そのときの気もちを吹き出しに書いてみましょう。

　「怒り」「悲しみ」でもよいですし、「チクショウ！」「どうして…」のようにセリフでもいいですよ。

【3】 気もちをふりかえるデモンストレーション

　受講生が一場面における気もちを「怒った」という言葉で表現したとします。「怒った」というひと言で怒りは伝わります。しかし、実際は、怒りという気もちには濃淡があります。悲しみに近い怒りなのか、それとも憤慨するような怒りなのか。また、嬉しいのだけど悲しい、といった矛盾する気もちの多層性に気づくことも大切です。

　教員は受講生を１人選んで、気もちを引き出す方法のデモンストレーションをクラス全体に見

せてください。このとき、「グランドルール」と「相手の話の聞き方」(p.74)についても説明します。

【デモンストレーション例】
受講生の体験
老人ホームでのボランティア体験。歩きにくそうなお年寄りを介助しようと手を差し出したら、急に「やめろ！」と怒鳴られた。いきなりのことで意味がわからず、とりあえず「ヤバい」と思った。

教　　員：「『ヤバい』って、具体的な気もちにすると何かな？お年寄りを怒らせて謝らなくちゃいけないという焦る気もちかな？」
受講生：「何を謝ればいいのか分からなくて焦ってたかもしれない」

教　　員：「焦っていたんだね。他には、どんな風に思っていたかな？怖いとか、ムカつくとかはなかった？」
受講生：「怖くはなかったけど、『助けたのに、なんでキレてんの！？』ってムカついた感じもあった」
教　　員：「じゃあ、『ヤバい』って気もちのなかには、焦りとムカつくっていう怒りの気もちがあったんだね」

教員が「ヤバい」について、さらに問いかけることで、怒られた受講生が何について謝まればよいのか分からず、焦った気もちが引き出せています。また、教員がその他の気もちを提示することで、受講生が焦りと同時に理不尽に怒られた行為に対しては、怒りの気もちがあったことに気づけています。

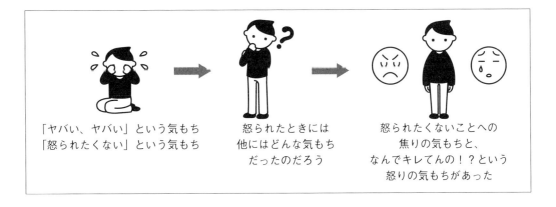

90分バージョン　個人の内面をふりかえり社会の課題を発見する

共有事項 自分の話をするとき・他者の話を聞くときの「グランドルール」

（1）この授業できいた個人の話は本人の了解なく、かってに他言しない。 　　＊他言されるリスクもあることをわかった上で、自分が話す内容を考えるように説明します。
（2）自分のことを話すのは、予期せず感情が揺れることもあると知っておく。
（3）自分が話したくないことは、話さないように意識する。
（4）話したくないと感じたときは「それは話したくないです」と相手に伝える。
（5）話しているうちにそのときの気もちを思い出して辛くなってきたら、話すのもきくのも一旦やめる。
（6）辛くなってきたら、授業のあとでも教員に伝える。

共有事項 相手の話の聞き方

（1）相手には共感的な態度できく。 　　「なるほど。そうだったんですね。」 　　＊ただうなずいたり相づちを入れるのではなく、「この人は話をきいてくれている！」と思ってもらえるような雰囲気をつくることが共感的な態度につながります。
（2）きく側も相手に対する想像力を使いながら質問する。 　　「それは、こういうことだったんですか？」
（3）その場面が映像として想像でき、共有できるような情報をきき出す。 　　「どんな場所でしたか？」「誰がいて、何をしていましたか？」
（4）表現された言葉を受け、そのときの本人の気もちを思い出させる質問を繰り返す。 　　「『えっ！』と思った」←「『えっ！』は、驚きですか？それともショックで悲しい気持ちですか？」
（5）その場面での自分の気もちは多層的であることを前提に、それらを引き出す質問する。 　　「嬉しかったんですね。でも、ちょっと残念にも感じたんですね。他には、どんな気もちになりましたか？」
（6）相手の話を否定したり、価値判断や道徳的な判断をしない。また、解決策を提示しない。 　　＊「それは、君が間違っているよ」「相手に対して、そういう気持ちを抱くべきではないよ」「そのときは、〜すべきだったんだよ」などは言わない。
（7）相手の気もちを確認しながら、相手の言葉を重ねる。 　　「そのとき、あなたはよいことだと思ったんですね？」
（8）「わからない」という答えに対しても、共感しながら「何がわからないのか」を一緒に考える姿勢をもつ。 　　「それは、よくわからないんですね。どういう部分がわからないの？」

体験の言語化実践ガイドブック

【4】 気もちをふりかえるためのペアワーク

　受講生同士をペアにして、「ひっかかり」体験とそのときの気もちを話してもらいます。体験自体の説明に時間がかかりすぎて、気もちについて話せないで終わらないように、教員がタイムキーパーとなって時間内にすべての内容をおこなえるようにしてください。

ペアワークの進め方 ＊1人10分×2

時間配分	ワークの内容
2分	「ひっかかり」体験の説明
3分	その場面で感じた気もちの説明
5分	気もちを多層的に表現することに挑戦

【5】 ペアワークをふりかえり、気もちの多層性に気づく

　ペアワークをふりかえるときは、受講生から、気もちを表現できた部分とできなかったり難しかったりした部分をきき出しましょう。またクラス全体で、1つの出来事に対して多層的な気もちがわきあがることを再確認します。

【6】 社会の課題を見つけるデモンストレーション

　教員が具体例を用いて、気もちの背景には社会の課題がある可能性について説明します。

【デモンストレーション例】
受講生の体験
老人ホームでのボランティア体験。歩きにくそうなお年寄りを介助しようと手を差し出したら、急に「やめろ！」と怒鳴られた。いきなりのことで意味がわからず、とりあえず「ヤバい」と思った。

①田中さん（お年寄り）の社会的な属性に気づく
　（受講生は田中さんを個人としてではなく、「お年寄り」として見ていた）
教　員：「お手伝いをした田中さんは、どうして急に怒ったと思う？」
受講生：「多分、お年寄り扱いされたからだと思う」

②田中さんの気もちを想像し、受講生の行為との関係を考える
　（田中さんは、「受講生がお年寄りは何もできないと決めつけた」と感じたから、怒ったのかもしれない）
教　員：「お年寄り扱いされると、どうして怒ってしまうのかな？」

受講生：「まだ元気なのにとか、弱くないのにとか、自分でできるのにとか思っているからかな」

③社会の課題とつなげてみる
　（受講生の気もちの背景には「お年寄りは弱くて何もできない」という決めつけがあった。その決めつけは、社会によるレッテルをはる力の影響を受けている）
教　員：「あなたの『お年寄り＝弱い・何もできない』という思い込みが、手伝う気もちにつながった一方で、田中さんが怒ってしまった要因になっていたかもしれないね」

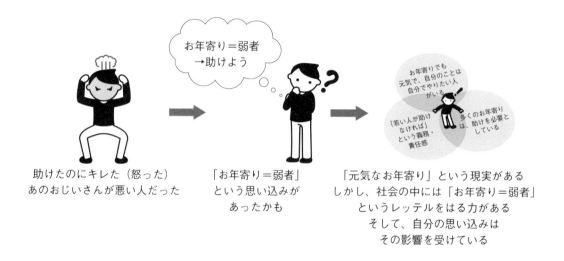

　デモンストレーションの後には、ワークシート（4、5）を各自が授業外で時間のある時に挑戦してみるように伝えてください。

【7】本日のまとめ

　最後に、90分で受講生が達成した点について解説します。まずは、書籍やインターネットからデータを集めるだけではなく、自分の体験こそが大切にすべき価値あるものだと確認してください。そして、自分の気もちを言葉にする難しさについてコメントし、挑戦した受講生の努力を褒めてください。最初は「ヤバいと感じた」だけだった体験も、丁寧に自分の気もちに向き合い表現してみることで、自分や他者の価値観を知ったり、社会を知る機会になったと意味づけてください。一方で、受講生のなかには、正解がない取り組みに対して、もやもやとした納得できない思いを抱えている人がいる可能性もあります。その気もちも次なる学びへのステップとして肯定的にコメントしてください。

「体験の言語化」ワークシート [氏名]

2. どんな「言葉」

1. 「いつ」「どこ」での出来事？

4. 「気もち」をもっと深めてみよう

その「気もち」をもっと具体的に表現してみよう

90分バージョン　個人の内面をふりかえり社会の課題を発見する

5. 自分の気もちの「背景」を考えてみよう

おわりに

　このガイドブックを作成するにあたって、私たちは授業実践を重ねながら、同時に「自分たちの教育実践の言語化」にも挑戦してきました。その試みは現在進行形であり、今も自分の気もちを表現できない学生や、社会とのつながりの実感がもてない学生たちを前に、日々の試行錯誤を重ねています。本ガイドブックでは、そうした私たちの現地点の成果を、8回の授業と90分1回の授業として具体的な2つの方法を記載しました。本にするにあたっては、実践してみようと思う方々が実際にできるように、できる限り工夫したつもりです。

　一方で、このガイドブックを見て、添付のワークシートを使えば、すべての学生たちが体験を言語化できるようになるわけではありません。参加する学生たちが取り上げる体験の種類や質によって、または、学生たちの能力によっても達成のレベルが異なるのが前提です。また、授業を実践する側のこれまでの授業経験や力量によっても当然、違いがあります。これまで知識伝授型の授業が多く、学生の言葉を引き出す経験が少ない方にとっては、ここで書かれている方法はなかなか難しい技術かもしれません。そのために、最初は戸惑うかもしれませんが、挑戦と模索が技術の向上と、学生理解にもつながると考えています。

　また、学生の到達という点では、8回バージョンと90分バージョン1回の授業では異なります。2つの授業は、理念は共通しているとはいえ、実際には90分バージョンだけでは、「体験から社会の課題とのつながりを見つける」地点にまでに行き着くのはかなり困難です。特に、高校生が対象の場合は、まずは、「体験したときの自分の気もちのひっかかりを言葉で表現する」だけで精一杯な場合が多いです。また、8回バージョンでも、自分の体験から社会との関係性を考える作業は簡単ではありません。そもそも、多くの大学生や高校生にとっては、「自分に起きた出来事や感じていることに社会の力が影響している」という世界観がないからです。個人的な体験は個人の問題として閉じてしまっているのです。この個人と社会の分断自体が、現在の日本の教育が抱える課題です。そうした中でも、学生たちがたとえ1回の実践でも体験の言語化をつうじて、自分や他者が社会の価値観や規範の影響を受けていると気づくことがあります。「〜な社会の課題」と言葉にならなくても、自分の体験が個人だけの問題ではないという実感を得るのです。そして、当事者意識の萌芽は、次なるステップとして、さらなる学びの意欲と行動へとつながっていきます。

　最後になりますが、私たちは、大学生を対象に「体験の言語化」教育をおこなってきましたが、これは学びのための学びではなく、生きるための実践です。そういう意味でこの実践は、大学生や高校生に対する授業だけではなく、働く大人向けやキャリア教育など、多様に展開していけるはずです。そのためにも、今後はガイドブックだけではなく、実践者にむけた研修や、新たなプログラムの開発などにも積極的に取り組んでいきたいと思っています。

　これまで授業「体験の言語化」を受講した学生たちの感想の中に、「何か体験して心がひっかかったら、そのたびに自分に『これは何？』『それはなぜ？』と問いかけるようになった」というものがありました。問いかけられた学生たちは自ら問いかけるようになります。学生たちに問いかける実践者は自らを問うようになります。この問いの積み重ねがもたらす個人、そして、社会の変容へ向けた可能性を読者と共有しつつ、本ガイドブックが全国の教育現場で挑戦する方々の一助になることを願いたいと思います。

おわりに

編　集
早稲田大学平山郁夫記念ボランティアセンター

体験の言語化チームメンバー（50音順、＊印編集委員）

秋　吉　　　恵（あきよし めぐみ）
　　　　立命館大学共通教育推進機構准教授、元早稲田大学平山郁夫記念ボランティアセンター助教

石　野　由香里（いしの ゆかり）
　　　　早稲田大学平山郁夫記念ボランティアセンター助教

＊岩　井　雪　乃（いわい ゆきの）
　　　　早稲田大学平山郁夫記念ボランティアセンター准教授

加　藤　基　樹（かとう もとき）
　　　　早稲田大学都市・地域研究所招聘研究員、元早稲田大学平山郁夫記念ボランティアセンター助教

河　井　　　亨（かわい とおる）
　　　　立命館大学教育開発推進機構嘱託講師

島　﨑　裕　子（しまざき ゆうこ）
　　　　早稲田大学社会科学総合学術院准教授、元早稲田大学平山郁夫記念ボランティアセンター助教

鈴　木　　　護（すずき まもる）
　　　　早稲田大学平山郁夫記念ボランティアセンター事務長

＊兵　藤　智　佳（ひょうどう ちか）
　　　　早稲田大学平山郁夫記念ボランティアセンター准教授

平　山　雄　大（ひらやま たけひろ）
　　　　早稲田大学平山郁夫記念ボランティアセンター助教

本　間　知佐子（ほんま ちさこ）
　　　　早稲田大学図書館総務課長、前早稲田大学平山郁夫記念ボランティアセンター事務長

山　岸　直　司（やまぎし なおじ）
　　　　早稲田大学大学総合研究センター助教

和　栗　百　恵（わぐり ももえ）
　　　　福岡女子大学国際文理学部准教授

＊渡　邊　　　翔（わたなべ しょう）
　　　　早稲田大学平山郁夫記念ボランティアセンター臨時職員

体験の言語化実践ガイドブック

2018年3月20日　初版第1刷発行

編　　集	早稲田大学平山郁夫記念 ボランティアセンター
発 行 者	阿　部　成　一

〒162-0041　東京都新宿区早稲田鶴巻町514番地

発 行 所　　株式会社　成 文 堂

電話 03（3203）9201（代）　Fax 03（3203）9206
http://www.seibundoh.co.jp

製版・印刷・製本　藤原印刷　　　　　　　　　検印省略
© 2018 早稲田大学平山郁夫記念ボランティアセンター
Printed in Japan
☆乱丁・落丁本はおとりかえいたします☆
ISBN 978-4-7923-6113-6　C3037

定価（本体 1400 円＋税）